我只是想分手而已

親密殺人，
被深愛的男人殺死的女人們

李周娟、李禎環——著
簡郁璇——譯

導讀

諸神退位、蛇鬼橫行的韓國社會——一〇八條人命的判決、事實與眞相

王曉丹（政治大學法學院特聘教授）

當代社會重視個人價值，個體尊嚴與自我主張，成為社會關係的核心。本書卻揭露了當這種自我中心的思維過度放大時，可能導致的嚴重後果——親密殺人。這些驚人的事件不僅提醒我們，在私密的關係中，有時可能缺乏制約個人行為的有效規範，而這種關係往往也變成了一個權力專橫和自我無止盡擴張的場域。

作者詳細地分析了南韓三年間的一百零八件親密殺人判決，其中被害的女性都是因為向伴侶或前伴侶表示想要分手而遭到殺害。

家和伴侶是避風港，還是海嘯？

家和伴侶本應是提供安全和庇護的避風港。但事實上，多數的親密殺人案件都發生在沒有第三人在場的私密空間。而且在此之前已經有持續不斷的暴力行為累積，而施暴者往往將其行為合理化為愛的表現或出於嫉妒，甚至將錯誤怪罪於被害者。在這些案件中，傳統的諸種神聖而不可侵犯的價值（忠誠、慈愛、敦厚）退位，家庭的保護性被摧毀，家和伴侶不再是安全之所，孤單的被害女性成為蛇鬼橫行下的犧牲者。

這些事件的共同特點是，施暴者運用情感進行控制，而當被害者試圖離開時，便觸發了親密殺人的海嘯。本書詳述描述了這些親密殺人案件，揭示了當諸神退位、所有價值都被摒棄、個體安全感被過度強調的時候，現代人會面臨的現代性個體困境。施暴者的行為主要基於他們對自我的極度關注和價值都僅來自於自己，這種自我中心的觀點反映了現代社會的問題。就像是許多理論對現代性的批判，現代社會的人們過於注重競爭，控制和自我實現，以應對深層的孤獨和不安全感。

這種無限被放大的不安全感造就出的權力傾軋，正是親密殺人中奪取被害者生命的機制。對被害者而言，原應是最值得信賴的親密關係反而成為暴力的陷阱。被害者往往被迫適應施暴者扭曲而假掰的世界，麻痺自己的感知，接受施暴者自我中心式的催眠。

諸神退位、價值喪失後，害怕失去「控制」的報復

外界經常誤解親密殺人事件為「突發」的暴力行為，認為它是難以預測的。但事實上，這些事件多數都有預兆。作者的研究指出，在被伴侶殺害的女性中，有三分之二到四分之三曾遭受過身體或性的虐待，包括一連串的身體暴力、性暴力、傷害及威脅。

親密殺人的動機並非源於愛情或親密度，而是來自男性伴侶的嫉妒、占有慾和控制欲。當他們無法控制時，最後以殺人手段進行報復。作者描述：「她們說要分手，男人卻認為女人沒有提分手的資格。就憑妳也敢說ＮＯ？這就是她們死去的理由。」在許多案件中，僅僅是言語威脅就足以令被害者感到害怕，不需要動手，正如作者所說，「控制並不需要實際交付威脅性的後果，只需要建立這樣的信念即可」。因此，親密殺人共同的特徵是殺人者以情感虐待的方式控制親密關係，維持男性對女性的主導地位。

然而，媒體經常把這種控制行為誤解為愛情，這個錯誤觀念對親密殺人的發生造成了加劇的效果。在許多影劇或漫畫中，強吻被描述成浪漫，而拒絕性關係被描繪為欲擒故縱的挑逗，這無疑是對暴力行為的美化。那些被困在這種關係中的女性經常受到外界的質疑和輕視，使她們失去求助的勇氣和途徑。使得被害者更容易受到施暴者的情緒控制和自我價值的打壓，更容易被指責「妳不愛我」，從而陷入更加危險的情境中。

審判與量刑的性別敏感度不足

在親密殺人案件的審判中，常見對性別議題的誤解。首先，對於殺人者的主觀要素之判斷存在性別偏見。法官在判斷殺人者的主觀意圖時，從重大的惡性殺人、未必故意殺人到較為輕微的過失致死，都需要明確判斷。然而作者發現在韓國，法官往往更傾向於相信殺人者的陳述，如「沒想到這樣會死人」，或者在描述女性被害者痛苦的樣子時，男性殺人者甚至會說「她是在裝」。此外，判決書中時常出現將部分責任推到被害者身上的說法，如殺人者宣稱女性瞧不起他，而他只是在「情緒激憤」下行凶。這些因素都在審判中對被告更加有利。

至於量刑，許多案例使用「情緒激憤」為減刑理由。作者認為這樣的論理忽略了殺人者在親密關係中的長期控制行為。親密殺人的情境應該要納入「利用親密關係與信賴關係、持續行使暴力」這一加重刑罰的要件。只有從整體親密關係的背景中，理解女性遭受的長期威脅和控制，才能更加客觀地評估殺人者說詞的可信度。因此當前的問題在於，法官過於相信殺人者一方的說法，而忽略了被害者遭受的暴力和控制感受，這在判決和量刑時明顯缺乏性別敏感度。

不能讓你只有一個人

在伴侶或曾為伴侶的親密殺人的事件中，暴力往往被當作一種溝通方式，控制者會藉由孤立被害人，使其依從或聆聽其要求。若將眼光放回臺灣，一些重大事件使得《家庭暴力防治法》得以修正，其中第六十三條之一的「恐怖情人條款」，將現有或曾有但未曾同居的伴侶也能得到法律的保護。此外，性別暴力的模式也體現在跟蹤騷擾上，施暴者經常透過製造被害者的恐懼來實行控制。這樣的行為在非伴侶關係中過去是法律的盲點，但《跟蹤騷擾防制法》於二〇二二年開始實施，明確規範了此類監視、尾隨、歧視、通訊騷擾、不當追求、寄送物品、妨礙名譽、冒用個資等行為。法律的有效性得益於社會對此議題的關注和意識提升，不僅要使大眾更明瞭法律的目的——以公權力確保人與人之間的互動倫理和界線，更重要的是，它凸顯了保護人性尊嚴這一核心價值。

正如本書強調了「攜手同行（#WithYou）」的精神，我們不應讓任何人陷入孤單無援、求助無門的處境。許多女性可能身處於情感的監獄之中，內裡的價值已然崩壞，認知被扭曲，身心孤立。另外，施暴者往往也身處孤立之中，他們欠缺價值核心，需要外界的連結，讓他們在行為之前至少多方考慮。因此，我們不應該將親密殺人等家庭暴力事件視為私人事務，每個人都應該傾聽和關心，認識到這是整個社會面臨的價值危機。

共鳴好評

一般殺人案，輿論會怒吼要求償命，但遇男性情殺卻多半會同情凶手，獲輕判甚至反覆入獄、出獄，繼續滋擾直到殺死前女友為止。為何女性在進入交往關係後，在司法眼中就變成男性的所有物？社會難道是在保障男性有權糟蹋她出氣？既然已經證實立法可以遏阻，我們就必須做出改變。

——盧郁佳（作家）

對女性最危險的場所，竟然是自認最安全的住家。本書不僅呈現韓國親密關係暴力不同於官方數據，更接近真實的女性死亡人數、更殘酷的案件樣貌，也感受到本書記者期望報導帶來改變的真誠努力，不只讓人們看見受害女性的痛苦，其不厭煩地向有權者提問、提出建議解方，更是令人敬佩。

——蔣宜婷（《鏡週刊》人物組記者）

Contents

目錄

Chapter 1
被抹去的女人們

Chapter 2

無處可逃的我，孤獨一人

Chapter 3

不必酌情考量他的激憤

Chapter 4

現在仍有女人正面臨死亡

前言
妳沒有做錯任何事

我們不知道妳的名字，不知道妳過去有著什麼樣的人生，不知道妳的夢想，也無從得知妳曾想如何編織剩餘的二十代青春年華。

我們所知甚少。只知道妳是一名二十六歲的女性上班族，對咖啡有濃厚興趣，甚至會去上咖啡師課程。妳在上課時遇見了一個男人，跟他交往了三個多月。那男人總是把妳的手機藏起來，而且不守約定，所以妳向男人提出分手，他卻在妳面前企圖自殺。

最後，妳的生命畫上了句點。

這就是我們所知的一切，是法官以殺人罪向殺死妳的那個男人問刑的判決書第九頁的內容。這讓我們對於像這樣寫文章給妳感到愧疚。對不起，無法親自獲得妳的允許，我們深感遺憾。

我們搜尋了二〇一六到二〇一八年間，「雙方未以法定婚姻狀態交往而後殺人事件」判決書，最終找到了一百零八篇，它們是針對使一百零八名女性失去生命的男性所寫下的判決書。

妳的故事尤其在我們心中縈繞不去。二十六歲的妳該有多麼閃耀動人？泡咖啡時又會是多麼慎重呢？在住處安然入眠時的妳，又曾作過什麼樣的夢？我們試著想像妳的各種日常點滴。

和那個男人交往不到百天，用心經營二十六年的生活就此四分五裂。當妳提出分手，那男人卻在妳面前說要自殺時，妳一定很害怕；當那男人直到凌晨五點都不肯放妳回家時，妳又有多恐懼；那男人把遺書寄給妳的老闆，寫著如果分手就要死給妳看時，妳的處境又有多艱難呢？

妳或許會為自己和那個年長九歲的男人交往感到後悔莫及，或許還會心想，早知道就不要上什麼咖啡師課程，我們很擔心妳會怪自己「沒有看男人的眼光」，但這不是妳的錯，妳沒有做錯任何事。

只是我們仍免不了去設想「假如」。當男人寄出遺書時，當男人不放妳走時，假如有人能伸出援手……假如警察能介入，把那男人從妳身邊帶開，假如能把置妳於死地的種種「前兆」都清除，或許妳就不會離開了。

假如真能如此……二〇一八那年是二十六歲的妳，今年應該二十九歲[1]了。搞不好妳會為了即將邁入三十大關而徬徨失措，或為了追尋其他夢想去進修，過著理所當然的每一天。偏偏少了那些

1 編按：韓文版於二〇二一年出版。

「假如」，妳無法迎接三十歲的到來，這讓我們耿耿於懷。

當約會添加了暴力，玫瑰色的戀愛隨時都可能轉變為血色，我們認為「約會」這個字眼並不足以形容這種飽含痛苦與死亡的事件——這是「親密殺人」，所以我們以此命名。二〇二〇年十一月，我們於OhmyNews刊登的《親密殺人》系列報導，引發了熱烈迴響。

這不是「約會暴力」，它絕對不只是以暴力作結。在暴力的盡頭，是以更殘忍的手法致人於死地。我曾被勒住脖子，被人以刀相逼。我需要一個能揭露其嚴重性的字眼，那不是一般的「約會」，也不只是「暴力」。我希望往後大家不要再使用「約會暴力」一詞，而是使用「親密殺人」。——Twitter @winterain***

「親密殺人」這個詞非常精準，足以引起警覺。我想要捍衛女性的生存權，捍衛生命不受威脅的人生。——Twitter @DND***

是的，我們要捍衛女人的生存權，所以不想讓妳枉死。我們細細思索那一百零八名女性之死，同時明白了一件事。多數殺人事件都不是突發的悲劇，早在她們失去生命之前，她們的人生就已經處處是暴力。那些被稱為「男友」的男性隨時毆打她們，讓她們身上的瘀青都來不及消退，也有許多人就像殺死妳的那個男人一樣，以自己的性命為武器進行脅迫。

當然，其中也有只因一次暴力行為就致死的事件，因此，約會暴力很有可能直接變成親密殺人。我們就此明白，每個人都可能成為親密殺人的被害人，每個人也都可能成為加害人。

並不是和那男人交往的妳做錯了什麼，也不是想盡辦法和那男人分手的妳該負的責任。責任在於這個社會。這是必須確認「殺人前兆」並全力阻擋的兇殺案；責任在於國會的漠不關心，他們沒有制定法案讓警察得以介入親密殺人事件；責任在於法院，眼睜睜看著身為被害人的女友被打死，卻仍以緩刑釋放加害人；責任在於政府，沒有設立處理女性暴力事件的機構。

親密殺人是「社會必須全力阻擋的兇殺案」，我們希望大家能對此產生共鳴，所以針對一百零八這個數字及其背後的一切、殺人前兆、女性所感受到的恐懼、「他們」的緩刑、有失公正的審判、地方政府／量刑委員會／國會應該做出的改變等議題，寫成這本書。

我們也很憂心這本書可能會對那一百零八名女性來說是一種汙衊，但我們仍帶著希望多拯救一名女性的盼望，寫下這本書。

再三祈禱，願妳在那裡能夠安息。

Chapter 1

被抹去的女人們

我是親密殺人事件被害人

「十六樓到了。」

電梯門開啟，他進了電梯。

這個人，就是朝我坐著的車內縱火的他，是在我們同居的屋子安裝錄音機的他，是為了追我的行蹤，將行車紀錄器復原的他，是在一個月前總算真的分手，交往了一年半的男友。

從早上八點四十四分到九點二十六分，他一直在十六樓屏息等待我。整整四十分鐘，他一定是坐在階梯上豎耳傾聽我住的十八樓有沒有傳出任何動靜吧。聽到我家大門開啟的聲音，他一定立刻豎起全身的神經，確認我搭上電梯後，趕緊手忙腳亂地按下了按鈕吧。

在十六樓等待我的他手上拿著二十公分長的刀子。「我會賭上一切懲罰妳。」傳了這個訊息給我的他，站在我眼前。從十六樓到地下停車場的這段時間彷彿一輩子那麼長，我迫切地祈求有人能中途搭上電梯，卻沒能如願。他緊緊勒住我的脖子，亮晃晃的刀子朝我而來，在他的魔掌之下，我動彈不得。

在地下停車場，他將我推進自己的車內。要是就這樣被他帶走，我必死無疑，就在車子駛出大樓的瞬間，我放聲哀求：「救命啊！」

那成了我的遺言。拿在他手上的刀刃劃過了我的咽喉，就在春意盎然的二〇一八年五月十一日。在那之前，他傳了這樣的訊息給我：

「妳以為結束了是吧？走著瞧吧！」

「等著看好了，今天會是妳最後一次走出門。」

「妳死定了，以為不回家就沒事了？大錯特錯。」

「在妳拿走行李之前，妳都是我的女人。來把妳的東西拿走。」

「我本來打算原諒妳，俐落地做個了結，但妳做的事讓我再也無法原諒妳。只要妳還活著，我就無法原諒妳，我會賭上一切懲罰妳，讓妳痛不欲生、後悔莫及，這是妳自找的。」

「妳的人生就這麼完啦？但我不後悔。」

二〇一八年四月十三號，再也受不了的我離開和他同居的房子。儘管我拚命想避開他的死纏爛打，但他不肯放棄，我沒有一天能安心，因為他隨時都可能出現在我面前，因為他對我的一切瞭若指掌。

他知道我家在哪裡，知道我的車子是哪一輛，知道我在哪裡上班，幾點上班、幾點下班；他知道我朋友經營的咖啡廳，有我朋友的聯繫方式，還認識我的家人……我無處可躲。

二〇一七年十二月，他將摻有稀釋劑的四個燒酒瓶往車子砸，在引擎蓋上點火，那輛車上正坐著我和我朋友。儘管他被逮捕，我卻很怕他很快就會被釋放，更怕若是他知道我希望他受罰，他會加害於我、我的朋友和家人。我明明向警方申請了保護令，但他依然會跟蹤我，最後甚至對我的車縱火，我感到無依無靠。

我只能請求法院從輕發落，盼望被判緩刑的他能有所改變，他卻變本加厲，滿腦子懷疑我劈腿，變得更加暴力，更激烈的監視我，還會勒住我的脖子威脅要殺了我，也威脅我的家人。

我無法逃離他的魔掌，我死在了曾經最愛的人手中，我是親密殺人事件的被害人。

51：未填上答案的問號

「多名民眾聚集在首爾市廳廣場前。」
「七萬名民眾聚集在首爾市廳廣場前。」

這兩個句子有著明顯的差異。能讓人判斷規模的，不是「多名」這種單純的主觀說法，而是七萬名這個確切的數字。數字的力量就在於此，它能精準地傳達情況。

在描述社會上發生的犯罪現況與嚴重性時，也會使用數字。首先，我們第一個要傳達的是「約會暴力現況」的數字。根據警察廳公開的「約會暴力事件收押現況」，從二〇一六到二〇一九年，每年平均有九千六百九十三名加害人立案，等於四年期間，每天平均有二十七名加害人。在我們身邊發生的約會暴力有多頻繁，由此可見一斑。

光是在入口網站搜尋欄位輸入「約會暴力」，也能對其嚴重性有明顯的「體感」。很容易就可以找到約會暴力加害人被判了幾年徒刑，或某個男人毆打交往對象被起訴的報導。來看一下二〇二一年三月十五日，一名四十多歲男性對要求分手的女性施暴的報導好了。他以分手的女友迴避自己的聯繫為由而對其吐口水、毆打臉部。在此之前，他也有過因為女友不肯見面，就擅自闖入對方家並毆打對方，被處以罰金的前科。但報導上寫道，他這次被判了緩刑。女性因約會暴力死亡的報導也不難找到，二〇二一年三月五日，一名三十多歲男性以「指責我的家人」為由，以兇器刺殺女友。

約會暴力事件層出不窮，當女性被殘暴毆打的影像公諸於世，引起一時的軒然大波後，轉眼又灰飛湮滅，此類事件仍不斷上演。每一次的約會暴力現況、加害人立案數等資訊又會重新報導一次，以數字傳達現實，但僅止於此。

數字是否真實反映了約會暴力的「現實」？或者更進一步說——因約會暴力而起的殺人事件數字的現實？數字背後掩蓋的真相為何？統計學領域的世界級學者漢斯．羅斯林（Hans Rosling）表示：「我們不能不以數值理解世界，但也不能單憑數值理解世界。」[2]

二〇一九年，時任正未來黨議員的金秀民發表「因約會暴力死亡的女性」數據，二〇一六至二〇一八年為五十一名，殺人未遂則達一百一十件。據說這是警察廳官方統計資料，但我們產生了疑問：假如三年為五十一名，一年就是十七名，等於每二十一．五天就有一名女性死亡，這能夠反映現實？

我們開始採訪的時間是二〇二〇年一月，當時能取得的最新官方統計資料是警察廳二〇一九年發表的「二〇一八年約會暴力現況」。我們試著尋找更多資料。儘管大檢察廳每年都會統計交往關係中發生的殺人案件數，但並沒有根據加害人性別分類。而女性家族部、首爾市等單位進行的約會暴力經驗相關問卷調查，也同樣無法得到「究竟有多少女性因約會暴力喪命？」的答案。

韓國女性熱線（한국여성의 전화）是保護、支援女性人權，使女性免於遭受家庭暴力與性暴力的組織。該組織分析媒體報導的殺人案，發現在二〇一七年，在親密關係中死於男性之手的女性就有八十五名。儘管親密關係也包含夫妻，但「十七」與「八十五」的數值落差仍然很大。為何會出現這種差異？

曾在第二十屆國會全體會議提出「約會暴力處罰法」的共同民主黨議員表蒼園回覆：「約會暴力的死亡人數想必比警察的官方統計更多。因為偵查的目的是為了確認是否有起訴的事實關係，當殺人事實明確時，『為什麼遭殺害』很容易被忽略，因此可能不會被歸類為『約會暴力』。」也就是說，倘若負責偵查事件的警察不認為事件的本質為「約會暴力」，就可能不會納入統計。我們開始認為，有必要去深究這數字背後的真相。

真的只有五十一名嗎？是什麼樣的女性、在什麼情況下面臨了死亡？何以不斷有女性因約會暴力而送命？這些死亡，事前無法防止嗎？

2《真確：扭轉十大直覺偏誤，發現事情比你想的美好》，漢斯・羅斯林等人著。

108：只是「最少」的數字

二〇一六到二〇一八年，三年間因約會暴力死亡的女性為五十一名。她們是誰？過著什麼樣的人生？交往時間多長？殺死女友的那些男人是如何替自己辯解的？儘管很想知道這五十一位女性的細節，但警察絕對不可能提供詳細資料。我們也徵詢過國會議員，但只得到「因涉及個資，無法取得資料」的答覆。

那麼方法就只有一個了，就是去看判決書。透過判決書查明約會暴力殺人事件是發生在誰身上，何時發生，又是如何發生的，還有每個事件是以何種方式處理，做了什麼懲處。

要取得判決書，就只能地毯式的找一遍。我們和首爾女大的三名學生一起進入法院的「判決書網路閱覽系統」，開始一篇一篇找。首先，為了與最新發表的警察廳官方統計資料進行比較，我們把搜尋時間設定為二〇一六到二〇一八年，接著用「交往・死亡」、「戀人・殺害」、「約會・暴力」等所有可以想到的關鍵詞組搜尋。二〇一六、一七、一八年分開搜尋，再交叉比對各自負責的年度，最後再以特定兩年為搜尋條件，盡可能找出所有判決書。

尋找判決書的過程中，發現也有不少案件走到二審。剛開始發現二審案件時，我們認為會和一審案件重複，因此將其排除在外，後來才發現有很多在二審時減輕量刑的案例。是基於何種理由減刑？是二審時支付了和解金嗎？金額多少？為了掌握這些有意義的資料，我們又開始蒐集二審判決書。

為了找出能視為約會暴力殺人事件的所有判決書，我們整整花了兩個月，以戀人、交往、約會、女友、男友、事實婚姻[3]／死亡、事實婚姻／殺害、劈腿／死亡、劈腿／殺害、斷絕往來、復合、密會、外遇、出軌、同居／殺人、同居／殺害、交往／殺人、交往／死亡、關係／殺人、關係／殺害、親密、糾纏、認識、離別、有婦之夫、有夫之婦、愛、婚外情、分手、愛情等各種關鍵字進行搜尋。一共整理出一百零一個關鍵字，用這些關鍵詞組找到的判決書，有一百四十多篇。

詳讀這一百四十多篇判決書後，我們開始詳細整理。首先，必須區分出能視為「親密殺人事件」的案件。假如只是「曖昧」，能將它看成親密殺人事件嗎？已經分手超過十年也包含在內嗎？女性殺死男性的情況又該怎麼處理？

3 非正式婚姻形式，指未進行結婚登記，便以夫妻關係同居生活。

我們在各種錯綜複雜的問題面前一起腦力激盪，逐步設定標準。最後決定，只納入明確視為「交往」的判決書，也就是將「在非法定婚姻狀態下交往，後來殺死對方的案件」定義為「親密殺人」，並決定集中在「男性殺害女性的案件」上。

依此標準分析判決書後，男性殺害女性的案件為一百零八件（女性殺害男性則為兩件），呈現一面倒的比例。於是，在我們面前留下了一百零八篇「親密殺人」判決書。

68：深信那個地方很安全

一百零八，這個數字意味從二〇一六到二〇一八年，在一千零九十六天內有一百零八天發生了親密殺人事件。意即「最少」十天就有一人以這種方式死去。之所以強調「最少」，是因為我們找到的判決書並不等於親密殺人的全貌。有曾被媒體報導後為世人所知的案件，卻找不到判決書，也有設定為不公開而無法取得內容的判決。儘管我們組合了一百零一組關鍵字，花費超過兩個月搜尋，一定會有沒找到的案件。

一百零八，深入研究這個數字，可以發現每年的「死亡」數字都不相上下。二〇一六年親密殺人的受害女性共三十八名，二〇一七年三十二名，二〇一八年有三十八名。這一百零八篇判決書全部列印出來，多達一千三百六十二頁，我們開始著手分析，從這一百零八篇判決書中導出能賦予意義的眾多「數字」。

首先，我們將一百零八篇判決書分成「犯案」、「審判」、「交往」三大類來研究。「犯案」記錄了事件發生的時間、地點、突發或預謀，以及殺害方法等。「審判」記錄了案件編號、量刑、主審法官、副審法官、律師、是否主張精神耗弱、是否和解、二審量刑等。「交往」則包含了交往形式（男女朋友、出軌、復合）、交往時間、爭吵理由、是否要求分手、被害人年紀、加害人前科等。

首先在「犯案」方面，特別引起注意的是場所。有六十八名女性是在自己或男友的住處遭殺害，三名女性是在住處附近，五名在車內。十名被害人中，就有七名在自己認為最安全的空間遇害。被害人基於對方曾是男友、是最深愛的人，因此讓對方踏入自己的領域或踏入加害人的空間（也可能是逼不得已），而其結局就是死亡。

有九十五名女性在兩人獨處時遇害，死亡時沒有任何目擊者，表示能證明案發當時情況的只有加害人。因此男人能輕易地主張是意外，是在吵架、酒後一時暴怒失手殺了女方，主張是女方提供了讓他情緒激憤的理由，而男人的這番說詞在審判過程中被接納了。在判決書中，可以看到以「被告人因一時情緒激憤而失手殺人」為減刑理由的無數案例。

有近半數被害人是在男性的物理力量下喪命。一百零八名被害人中有三十名被勒死，脖子受到強烈壓迫的女性無法反抗而斷氣。遭受暴行致死的女性也有二十三名，被男性拳打腳踢、用椅子猛砸後身亡。腰際被踹、被猛擊頭部的女性則因腹腔內出血或腦出血而走向生命的終點。無論是絞殺、施暴殺人或施暴致死，男性以難以抗衡的蠻力殺害女性致死的本質是相同的。女性之死，是曾經最相信或親密的男性造成，這無疑是場悲劇。

加害的男性以身邊可取得的物品作為兇器，這些女性被高爾夫球桿、鐵鎚、六個燒酒瓶連續砸到頭之後身亡；也有人被菜刀、切肉專用刀、美工刀刺殺，像這樣被男性以兇器或鈍器殺害的女性就有四十八名。

除了物理上的蠻力，也有其他手段。某女是在洗衣店內被男性以去除鏽水的有毒物質「氟酸」潑臉，在劇毒侵蝕下痛苦身亡；某女則是遭男性潑灑汽油後縱火致死。

5.4：他的量刑

分析一百零八篇判決書時，我們最關注的莫過於量刑。在審判中，殺害女友的男人都被判了幾年？他們真的被關進大牢了嗎？

冠在男性身上的罪名大致可分成「殺人罪」與「致死罪」。懷有殺死對方之意圖者屬「殺人」，若無殺死對方之意圖卻失手殺人的狀況則屬「致死」。一百零八件中被判殺人罪者為八十五件（百分之七十八．七），被判致死罪者為二十三件（百分之二十一．三）。我們扣除了八件無法將受刑期間數字化的無期徒刑、兩件緩刑，最後以九十八件計算其平均量刑——殺害女友的九十八名加害人的平均量刑為十四．九年。

為了進一步研究量刑，我們分成殺人與致死進行分析。九十八件裡頭有七十七件是殺人，二十一件為致死，可是七十七件殺人案的平均量刑是十七．一年。若以犯罪類型來看，兇器或鈍器殺人者有四十一件為最多，而其平均量刑十八．二年也是最重的。接著第二名是絞殺二十九件，平均量刑為十五．六年。墜樓殺人一件，被判十五年有期徒刑。施暴殺人也有三件之多，平均量刑十三年，相較之下判得較輕。三件施暴殺人中，有兩件為間接故意[4]的殺人事件。

故意殺人的認定，不是只有殺害目的或計畫殺人的意圖才成立，而是只要認知或預見自身暴力行為有導致他人死亡之可能性或危險時就足夠，且無論該認知或預見確定與否，都認定為間接故意。

——首爾西部地方法院第十二刑事部，李成九部長法官
二〇一六年一審刑調字第〇〇〇號

若是毆打、威脅他人，導致對方死亡，唯有被認定為過程中沒有故意或間接故意之情形才屬「致死」。此類致死事件共有二十一件，平均量刑為六．六年。其中三件分別為縱火致死（二十五年有期徒刑）、特殊監禁致死（十年有期徒刑）、強姦致死（七年有期徒刑），其情境為女方拒絕對話，因此男方在公車上縱火，導致擔任司機的女方死亡；因女方提分手，男方在飯店房間持刀脅

4 犯罪行為人知道或預見自己的行為可能會造成特定結果，但抱持發生也沒關係的心態，繼續行為。

迫，女方為了躲避而從陽臺墜落身亡；男方對女性行使性暴力後，以女方生氣為由將其推倒，女方頭部著地後死亡。

剩下的十八件均為「傷害致死」。其中有加害人以高爾夫球桿毆打被害人（五年有期徒刑）；揮拳導致被害人昏迷，再將其拖至走廊棄置二十分鐘後再度施暴（四年有期徒刑）；加害人情緒激動地「對被害人拳腳相向，毆打其全身數十次，並以腳踩摔倒在地的被害人身上數次」，之後加害人在兩人對話時再度情緒暴走，「毆打被害人頭部數次，以腳踹其腰側數次，徒手敲擊被害人脖子」，接著再次勃然大怒，「朝被害人的臉揮拳數次，徒手攻擊其脖子並扳倒被害人，接著坐在摔倒的被害人身上，用雙手勒住其脖子」（三年六個月有期徒刑）也是傷害致死。

這些人雖在施暴過程中殺了人，檢察官和法官卻判斷他們在過程中沒有故意或間接故意之嫌疑，而十八件「傷害致死」案件平均量刑為五．四年。

78：連電子腳鐐都沒有

判決書上經常能看到一個句子：「此案件無請求穿戴電子腳鐐之事由，依電子腳鐐穿戴等相關法律予以駁回。」

法院判斷，當殺害女友的男子服刑完畢並重返社會時，不需要戴電子腳鐐。檢察官針對殺害戀人的男性，向法院請求讓更生人穿戴電子腳鐐的四十一個案件中，駁回率達七成八。

當檢察官提出讓更生人穿戴電子腳鐐之要求時，是由法院決定執行與否。在現行的「特定犯罪者保護觀察暨電子裝置穿戴等相關法律（科技監控裝置執行法）」中規定，當人犯下性暴力、誘拐未成年者、殺人、強盜等罪行時，可要求其穿戴「科技監控裝置（電子腳鐐）」。

在一百零八篇判決書中，檢察官要求更生人穿戴科技監控裝置的案件共四十一件，其中三十二件遭駁回，下達執行命令者僅有九件。七成八是遠超過平均駁回率的數值。根據共同民主黨議員宋基憲於二〇一九年九月發表的國政監查資料顯示，二〇一四到二〇一九的五年期間，科技設備監控執行命令的駁回率為百分之六十三。在三十二件駁回的親密殺人案件中，甚至有刺殺交往女性多達二十一次致死的案件。法庭駁回要求時公開了理由：「依其平時性格或品行，難以找到判斷其具有殺害他人或與造成相當危害之暴力的根據或情況。」這名男性被判了二十年有期徒刑。

其他男性也相同。「平時會在酒醉狀態下對被害人施暴，當被害人向一一二[5]求救時，加害人會以此為藉口再度施暴」，這名男性最後以菜刀刺殺了女性。宣判十五年有期徒刑的法院，以「無法斷定被告平時具有會犯下殺人罪的偏激暴力傾向」為由，駁回科技設備監控執行命令之要求。

至於在緩刑期間勒死女性的男性，法庭則表示「儘管被告有暴力前科，但事件乃因與被害人爭吵引起，單憑被告的犯罪經歷，難以斷定被告具有暴力傾向」，判處十年有期徒刑。

他們會在十年、十五年、二十年後，不，或許會比這更早出獄，而且不會穿戴電子腳鐐。

30‧‧我只是想分手而已

這一百零八個案件都有個共同點，就是受害女性都沒有非死不可的理由。她們不過是要對方別再喝酒，或因為喝醉才被殺害；她們要對方省錢，或是因為說對方太揮霍而被打死；還有女性只是表達了對其他男性的好感就被毆打致死；也有女性因為先回家，或者甚至毫無理由就被打死。

分析被歸類為「交往」的被害女性年紀，可知親密殺人並非是侷限於特定年齡的問題。在一百零八篇判決書中，只有一件未寫出被害人的年紀，其他則青年、中年或老年都有。四十到四十九歲的被害人有三十三名（百分之三十‧八）為最多，三十到三十九歲和五十到五十九歲的被害人均為二十六名（百分之二十四‧三），二十到二十九歲為十六名（百分之十五），六十歲以上亦有六名

5 韓國的犯罪舉報電話。

（百分之五・六），幾乎在女性的每個人生階段，都可能發生親密殺人。

此外，有些句子也在判決書中登場無數次：

被害人提出分手⋯⋯

加害人跑去找分手的被害人說要談談，但被害人不回應⋯⋯

加害人要求復合，但被害人拒絕⋯⋯

在一百零八篇判決書中，向加害人要求分手的有三十件（百分之二十七・八）。這些女性無論如何都想結束關係，然而她們能說的就只有「我們分手吧」。男性卻怎樣都不肯接受，氣憤難平，最後殺害了女方。

她們只是想分手而已，結果就送了命。

57：持續被掩蓋的死亡

從二〇一六到二〇一八年，三年期間因約會暴力死亡的女性，根據警察廳統計為五十一人。我們再次回頭檢視這個數字，發現它代表的意義正是「漠不關心」。

倘若第一線接觸案發現場的警察能留心男人與女人間的「關係」，此事件就會被歸為兇殺案；倘若警察能對受害女性的痛苦感同身受並進行調查，就會被歸類為親密殺人；倘若警察去追查女性的親友，就會知道她長期在男人的暴力陰影下瑟瑟發抖。

倘若警察查案時能多加關切其「關係性」與「女性的痛苦」，他們的統計資料也就更能成為具代表性的指標，讓大眾得知因約會暴力而死的女性有多少。被「約會」這個甜蜜詞語所掩蓋的約會暴力殘酷面，也會比現在更暴露無遺。

然而很遺憾，我們找到的一百零八篇判決書中，有五十七件成了「官方統計」之外的案件。至少就我們目前公布的數據來看是如此。儘管「五十一」這個官方統計數字指出了親密殺人的現狀，同時也掩蓋了其中一部分。

五十一與一百零八，這些數字背後的真相是，這是「最少的數字」。有比一百零八名更多的女性在和男性交往後死亡，而我們就連確切掌握其人數的官方數據都沒有，這就是真相。

二〇一九年十二月，女性暴力防止基本法實行後，在統計女性受害暴力犯罪資料方面，終於有了由國家統一建立與公布的法律根據，但直至二〇二一年三月，依然看不到國家統計有關「性別暴力」的調查數據。

被留下的人們

這些「數字」無法說明的故事多不勝數，但逝者已經無法說話。因為「那男人」而失去孩子、朋友或父母的人，成為「被留下來的人」。他們經歷了如此殘酷的事件，卻不被聞問與記錄，只淹沒在「每十天就有一人死於戀人之手」的數字中。

廣為人知的「唐津姊妹殺人事件」亦是如此，判決書僅強調妹妹的男友殺害了姊妹倆的悲劇，判決書也只記載了那男人說的「和女友爭吵時失手殺了人」。

二〇二〇年六月二十五日晚間，那男人趁女友睡著後勒住她的脖子，殺害了女友。接著又潛入住同棟大樓的女友姊姊家，將凌晨下班回家的姊姊一併殺害，並偷走姊姊的手機、信用卡和車輛後逃逸。六天後，才有人發現姊妹倆的屍體。

父親來替「爬滿了蛆」的兩個女兒收屍。判決書中，沒有記錄被留下之人的痛苦與吶喊。我們想聽聽那位父親的故事，因為我們怎麼樣也忘不了在那個男人的法庭上，那位父親羅鍾基先生空虛的背影。

那個男人的審判

殺人加上強盜、施暴，當罪狀逐一列舉出來，那男人仍一派冷靜。強調自己寫了十八次悔過書，正為自己的罪懺悔的他，雙手疊放，一動也不動地站著。

檢察官在結案陳詞上請求對男人求處死刑：「請求對以殘酷犯罪行為奪走兩名被害人生命的被告求處最高量刑。」被害人父親羅鍾基先生則是正眼也沒有瞧一眼站在法庭右側、曾是小女兒男友的男人，他坐在旁聽席注視著法官，一心等待著法官口中說出「死刑」二字。

男人最後被判無期徒刑。聞言的父親呼吸開始急促，他猛然站起，在法官宣判結束後，在那男人已經離開的法庭內，他才正要開始進行自己的判決。他說出了「死刑」二字。

「法官，這太冤枉了！只判無期徒刑讓我不服！無期徒刑是合理的嗎？請給我們一個可以信服的答案。殺了兩個人後逃逸，在屍體腐爛的期間，還把一百零六萬七千元的電玩費分成五次小額支付的人……那人根本是惡魔！那樣能稱為精神耗弱嗎？為什麼要用我們繳的稅金救那種人？我還不如死了算了！」

結案陳詞後，金秀靜部長法官（大田地方法院瑞山分院第一刑事部，二〇二〇年一審刑調字第〇〇號）卻對兩週以來苦苦等待「死刑」二字的父親如此說道：「就算您這樣說也沒用，判決已經定了。」

一審就這樣結束了。

無法入眠的夜晚

走出法庭的羅先生茫然地盯著地面，說不出半句話。後來我們問他：「審判結束後，您有什麼想法？」

「我在想我為什麼要活著、為什麼要苦撐著。我本來打算爬到塔式起重機上靜坐抗議，要求公開那傢伙的個資。早知道當時就那樣做了，早知道乾脆去跳樓……我好恨自己沒有這樣做，身邊的人都攔著我，要我等審判結果……」

硬撐下來，等到的卻是無期徒刑。羅先生說自己「只差一步就要失去理智了」。儘管檢察官提起上訴，那男人也不甘示弱地提上訴，預計二審很快就會開庭。

這位父親說：「二審結束（假如沒有判死刑），我還是會繼續上訴。在那之前（我不會輕言放棄），我會繼續活下去。」那之後的事，我們不忍再問下去。

幾名親友攙扶著這位快倒下去的父親，他和住在釜山的家人分隔兩地，獨自在京畿道的建設工地工作，他們很擔心他會想不開，因此都在宿舍陪著他。可以想見，那些日子對羅先生是生不如死。

羅先生在二十歲時生下大女兒，四十年前會到工地做工，也是從妻子懷大女兒時開始。他跟兩個女兒像朋友一樣，卻沒想到「沒收過任何人一分錢，辛辛苦苦拉拔長大的兩個女兒」卻這樣虛無地離開人世。

「我們是相差二十歲的忘年之交。還在說，如今總算可以開心過日子了，沒想到……天卻突然塌了下來。」

為了好好過日子，他二十年前戒了酒，十年前連菸也戒了，也從未想過要依靠女兒。大女兒年近四十，他沒有跟女兒拿過一次零用錢，而且總是推辭：「爸爸有在上班，妳們一毛錢也不用給我，自己拿去花吧。」事件發生兩個月前，兩個女兒幫父親過六十大壽，送上了五十萬元紅包和一束花。這位父親不忍心丟掉女兒最後送的禮物，現在還將那束花放在車上。

「沒有犯過任何罪」的人生，悲劇卻如晴天霹靂般降臨。究竟是從哪裡開始出錯的？他無從得知，只能度過一個又一個「怒火攻心，無法成眠」的夜晚。

應有的懲罰

一審公判在即，羅先生向青瓦臺發起請願連署，呼籲「讓主張精神耗弱的犯人受到應有的懲罰」，同時主張「應該公開那傢伙的身分」。二〇二〇年十二月二十三日上傳的請願書，到二〇二一年一月二十二日截止，共有二十六萬零五百四十五名民眾簽署。青瓦臺終於上傳了答覆：

關於給予加害人嚴懲一事，由於此案還在審理階段，因此國民請願的部分難以給予答覆，還請民眾見諒。（略）目前法院在判定精神耗弱減刑時也會採用更嚴苛的標準，但願在審判過程中，加害人都能得到與其犯罪行為相符的懲罰。

——青瓦臺國民請願答覆，二〇二一年二月十九日

「看到青瓦臺的答覆後我實在很驚訝，既然如此，何必搞什麼國民請願？為了取得超過二十六萬人的同意，我付出多少努力……吃那麼多苦後得到的是什麼？什麼都沒有！」看到針對「應有的懲罰」的官方答覆，這位父親的世界再度崩塌。

「好歹也要公開他的身分吧！一審判無期徒刑，但也可能假釋啊！我的外孫都慢慢長大了……要是那傢伙假釋，跑來找我們家的孩子怎麼辦？要是在我死了之後，他對我的孫女……總不能再讓他繼續犯罪吧！」

孫子們在媽媽的葬禮上詢問：「殺死媽媽的人在哪裡？」羅先生答不出來。他說自己經常想起讀高中的孫女。為了思念媽媽、在班上總是名列前茅的優秀孫女，他說自己不能放棄。

「假如判無期徒刑，他就會一輩子被關在監獄裡，那我還可以接受，但並不是嘛，減刑就可以出獄了！我也很清楚，就算判死刑也不會真的執行，可是至少不能讓他出來啊。如果想讓他永遠與

社會隔絕，就應該判死刑。（那傢伙）犯的罪有多麼惡劣，我要親自揭開。」

這位父親能相信的，就只有自己。

「不管是政府或司法部，都不能為我們做什麼，沒有人去理解被害人，真的一個也沒有。」

死人不會說話

二審在即，為了證明那男人多惡劣的羅先生正在孤軍奮戰。他到男人過去工作的店打聽，那男人用死去女兒的手機刷小額消費的明細，也是羅先生查出來的。

「手機費用高得離譜，我覺得可疑，就去調出來看。孩子們是六月二十五日死的，兩個女兒的手機卻有分別在六月三十日、七月一日刷小額消費的明細。小額消費一天的額度是三十萬元，所以他都是計算好才用的。這傢伙用了一百零六萬七千元打電玩，我查出來後，向唐津警察局正式舉報，後來也指派了檢察官。那傢伙有多惡劣，只能由我來揭發，因為警察什麼都不做。」

羅先生說自己怎樣都甩不掉「為什麼」的疑問。為什麼會有突發的殺人行為？死因真的是絞殺嗎？為什麼要殺死兩個女兒？體格那麼壯碩的男人從大女兒家中窗戶侵入，為什麼窗戶完好無缺？為什麼瑜珈墊會在廁所？那傢伙為什麼連垃圾桶都要翻，還有警察為什麼沒有做現場採證，處處都是疑點。

「聽說他是在床上勒死我女兒的，那床鋪不是應該很凌亂嗎？可是我去現場看卻很整齊。不能光憑那傢伙主張勒死我女兒的說詞，就掩蓋了真正的死因。死因是不明的，感覺他是知道我大女兒很有錢，才有計畫地犯罪。我大女兒的店生意很好，是她一步一腳印打拚出來的，現在總算苦盡甘來，實在太沉痛了。想必他是看到我大女兒開進口車，才起了貪念。我看了起訴書，發現那傢伙犯過多達三次的強盜罪，他很可能是事先制定了犯罪計畫。他說是和小女兒起口角，才突然殺了她，但如果他等到小女兒睡著後才殺她，不就是預謀犯罪嗎？他還為了避免被監視器拍到，刻意走樓梯到我大女兒家，這怎麼會是突發事件？警方卻按照加害人的陳述寫調查紀錄，說是突發事件，加害人精神耗弱。死者當然不會說話啊，實在太冤枉了。」

向警方確認後，發現確實沒有進行現場採證。唐津警察局相關人士說明：「在案發現場鑑識過程中，嫌犯的指紋和染色體都採集到了，也透過監視器確認嫌犯的陳述與現場狀況一致。」

羅先生質疑：「如果當初調查縝密一點，宣判死刑的機率是不是也會提高？」隨即得到「沒錯」的答覆。因此羅先生認為，打從一開始就該稱為「唐津連續殺人案」而非「唐津姊妹殺人案」。假如是連續殺人，警方就會更嚴肅看待案件，偵查方向也可能不同。

「又不是在同一個場所殺人，他是先殺害小女兒，又跑到大女兒家去殺她，這就是連續殺人吧！他是連續殺人魔，為什麼把這稱為姊妹殺人事件？」

這位父親深知就算判無期徒刑，也可以獲得減刑出獄，因此，揭開兩個女兒被殺害的理由與方式，刻不容緩。

「我這樣做會得到什麼好處嗎？不會嘛！我只為了一個目的，就是不能讓那傢伙出來，為了防止他出來再次犯罪才努力奔走，我只求這些。」羅先生強調：「我會堅持到最後。」

「我連孩子的最後一面都沒看到，因為都腐爛了，兩個孩子直接被裝進大袋子送走……有哪個父母能接受？要是他在勒死我女兒後去自首（也能盡早收屍），好歹還能看到女兒們乾乾淨淨的臉，好好送她們最後一程……我說有多恨就有多恨。無論如何我都會堅持到底，就算我死了，也該讓他見識到司法未死。」

未完的故事

這位父親的KakaoTalk個人檔案放的依然是與兩個女兒的合照，大女兒挽著父親的手臂，小女兒則在一旁露出燦爛的笑容。

事發不過十二小時前，大女兒還傳訊息給父親：「就算再辛苦，也要想著我，好好加油哦。要是真的不開心就乾脆別做啦，我會負責養您的，呵呵。記得吃晚餐哦♡」大女兒曾是個為父親擔憂、心思細膩的人，如今父親只能在KakaoTalk上，呼喚著兩個再也見不到的女兒。

「好想妳們啊，我的女兒們。」（2020年7月19日21:30）

「我的女兒們，過得還好吧？」（2020年7月22日14:34）

無人回應。無論白晝或夜晚，思念刻骨銘心，這位父親放不下兩個女兒，直到一切水落石出為止，他都無法結束這場孤軍奮鬥的戰役。

只聽信加害人陳述的偵查是不可靠的，只聽信加害人陳述的審判也同樣不可靠。在遲遲未填上答案的問號面前，遺族的痛苦無以復加。而國家，究竟為何而存在？

訪談

女人也有生存權

京畿大學犯罪心理系教授／李秀晶

五十多歲的計程車司機被發現時，呈現被肢解的狀態，殺害這個男人的正是他的妻女。這是二○○四年七月發生的事，各家媒體刊登了束手就擒的母女回到犯罪現場採證的照片，並且下了「無情的母女」、「怎能對自己的父親……」等標題。

警察在調查報告的「犯罪動機」寫上「夫妻失和，對丈夫懷有怏心而殺害之」。當時警察請求京畿大學犯罪心理系李秀晶教授與身為加害人的妻女見面，因為在尋找男性屍體時發現少了大腿的部位，希望李教授能與母女倆會面，找出丟棄屍塊的地點。

這時教授關注的焦點並不是屍塊在哪裡，她說自己無法將目光移開「怏心」二字。「怏心：心懷怨恨、企圖報仇的心。」處理遭受長達二十年家暴的妻子殺害丈夫的案件時，警方寫下「怏心」這個理由。真是如此嗎？二○○四年七月二十九日那天，酒醉的男人又手持兇器，揚言要殺了妻女。二十年來長期被家暴的母女原本是被害人，卻在殺害那男人的瞬間成了加害人。

「我真的很納悶這到底是不是快心。我決定要用一生的時間來說服大家，這不是快心，而是自我防禦的本能。[6]」此案件促使李教授投入犯罪心理學的領域二十多年。身為第一代側寫師的李教授在發生N號房事件、安仁得縱火殺人案[7]、江南站隨機殺人事件[8]時，都分析了何以發生這種悲劇，又該如何防止它。

李教授不僅分析犯罪者的心理，更進一步從制度面摸索解決之道。她致力於訂立電子腳鐐的配戴標準，而且不分執政黨或在野黨，只要是在制定跟蹤騷擾防制法的議題上有共識，李教授都欣然與其攜手合作。為了防止家庭暴力、約會暴力、跟蹤、濫用隨機聊天手機軟體等針對女性和孩童的犯罪行為，李教授持續發聲、熱情不滅。

我們想請教李教授，對於二十年來鑽研女性死亡事件的她來說，「一百零八」這個數字具有何

6 出處：〈快心，改變BBC「百大女性」李秀晶的詞彙〉，韓民族，二〇一九年十一月三日。

7 安仁得跟蹤自家樓上的女高中生，折磨其家人，警方卻沒有採取任何措施。二〇一九年四月，他在居住的大樓縱火，並朝逃生的鄰居揮舞兇器，造成五人死亡、十七人受傷，被跟蹤的女高中生亦死於安仁得之手。二審法官於二〇二〇年十月判安仁得無期徒刑。

8 二〇一六年，一名男性潛伏於地鐵江南站附近一間男女共用公共廁所，隨機刺殺了一名二十多歲女子。過程中，嫌犯略過數名進入廁所的男性，只以女性為下手目標，被捕後表示自己「被女人瞧不起」才憤而行兇，被認為是一起「仇女殺人案」。

種意義？何以男人的「激憤」得以成為減刑事由？為什麼在偵查過程、起訴階段、法庭上，女性死者的聲音都被消音，只接納了男人的「反省」說詞？那些男人殺害女友後，為什麼還能獲得自由？是什麼結構導致這類事情發生？為了減少一名女性的死亡，你、我、我們該做些什麼？我們想替這些問題找到答案。

——

—我們針對二〇一六到二〇一八年，以非法定婚姻狀態交往，之後殺害對方的一百零八個案件判決書進行了調查。首先想請問您，對於「一百零八」這個數字的看法。

想必這僅是冰山一角。若要冠上「殺人」罪名，就必須認定為故意，但大部分情侶是在爭執時施暴，最後導致一方死亡，因此法院不會認定為故意殺人。被害人已經死亡，沒辦法說話，而加害人說自己不知道被害人會死，因此也不會認定為間接故意。只不過如果是在施暴過程中死亡，而現場留有施暴致死、傷害痕跡，就會構成傷害致死。案件並不會明確區分是在「交往關係」內發生，而是會視為一般致死或殺人罪，因此無法得知準確的統計資料。倘若在偵查或起訴階段未指出相關性，就不會納入判決書，搜尋時也找不太到。

韓國女性熱線曾發表數據，指出配偶、前配偶、交往對象、前交往對象為加害人的死亡事件（媒體報導件數）為每年一百件左右[9]。想必此數值會更接近真實情況。其中冠上殺人罪的案例有多少，又有多少沒有被報導出來，依然是問號。

—對於一百零八這個數字，您似乎完全不吃驚？

每年認定為夫妻間的殺人案為三十件左右，戀人間的殺人案也差不多，或者比那更多，這數字算是在預想範圍內。

—您說在伴侶殺人案中有四成為「預告殺人」，而經過分析一百零八個案件的結果，有「殺人前兆」者為十九件。以施暴等事由報警後，在七十二小時內遭同一加害人殺害的案件有四件。此外，在前述案件中，加害人對被害女性施暴、殺害女性、犯下殺人未遂等罪行後，公權力認知到這

9 根據二〇一九年韓國女性熱線統計，二〇〇九到二〇一八年的十年間，媒體報導遭受「親密關係」的男性伴侶殺害的女性被害人為八百八十七名。

部分的案件為十五件。我們不禁在想，在這一百零八件案件中，至少有十九人是可以事前獲救的。

女人通常不太會報警，畢竟公權力不太會替她們處理這種狀況。倘若是輕罪者，被害人還必須證明自己持續受到折磨，有哪個女人有辦法一一佐證？那麼懼怕加害人，卻必須跟在加害人後頭找到證據。如果連判決書都提及了殺人前兆，就表示情況真的非常嚴重。

剩下的九十幾個案件大多也該視為「預告殺人」。都分手了，怎麼可能毫無準備就殺害前女友？對方應該根本不會想見面。紀錄卻不會說明這種情況，因為被害人死了就沒辦法說話了。沒有人去調查被害人身邊的情況，只針對被告進行調查。被告只會說：「我從來沒有那樣，是突發的。」有誰會說自己是預謀殺人？陳述一面倒，也就無法追究責任，才會都被歸納為「致死」。

沒有針對前因後果進行徹底調查，所以這一百零八件中才會僅有寥寥數件提及殺人前兆。要在毫無前兆的情況下殺害已經分手的人是不可能的，也就是說，數字一定遠遠多於十九件。

─確實如您所說，調查的案件中有遭到跟蹤騷擾，但「害怕被報復」而不敢報警的案件。

就算報警也無法保證人身安全，那何必報警？反而會惹對方更不爽，自己的處境就更危險。

—以目前來說，沒辦法受到完整保護，就是女性面臨的困境？

是的，而且好像也沒人關心。已經有許多人在國會說要制定跟蹤騷擾防制法，說了無數次，也提了近二十次法案，國家就是不肯通過，這種國家的意志何在？從第二十一屆國會開始，政府就說要制定，女性國會議員也召開討論會，但話題一下子就沒了。職業圍棋棋手趙惠連遭某個男人跟蹤一年的事件也曾引起軒然大波，如今也船過水無痕。那位棋手不僅多次到國會陳述受害事實，也接受媒體採訪，但又有什麼改變呢？想必她也覺得遭到背叛了吧。[10]

—為什麼法案無法通過呢？

因為沒人關心啊，因為不在優先順位上，因為女人的犧牲不重要。

—您認為是因為死的是女性，才被排除在優先順位之外嗎？才會直到事件都已經發生了也無法

10 編按：韓國於二〇二一年三月正式制定了《跟蹤騷擾犯罪之懲罰等相關法律》，同年十月施行。

解決，而且還被掩蓋嗎？

是的，因為社會對女性安全權的敏感度極低，並將女性之死或遭受性暴力歸咎於被害人運氣不好。誰會認為這是侵害國民的權利？所以才會被排除在優先順序之外。

—當媒體報導約會暴力事件，還會有許多人抨擊：「為什麼要跟那種男人交往？」

大家都會指指點點，說這些女人為什麼隨便跟男人交往，都是被害人的錯，質問她們怎麼不好好保護自己。對女人進行二度傷害成為普遍現象，這並不陌生，所以才遲遲無法立法。

—制定跟騷法、約會暴力處罰法，能成為解決問題的開端嗎？

雖然我們持續在努力，但不是只有國會議員體認到就夠了。經過無數次失敗後，我領悟到整個韓國社會必須改變認知。假如社會沒有改變認知，只在國會討論也沒用，因為這個社會已經達到把情色影片看成「藝術品」的認知水平。N號房事件[11]爆發前，還有些國會議員認為這是「個人喜好」的問題，直到事件爆發，大家才知道兒童及青少年暴露在性剝削的危險之中，被害人過得生不如死。非得發生這麼殘忍可怕、驚動社會的事件，大家才會意識到重要性。

有什麼能比安仁得事件更野蠻無知的嗎？在他置女高中生於死地時，我們做了什麼？被害人察覺自己生命受到威脅並逃跑的樣子，都被監視器拍了下來，這絕對不是一天兩天的事。每次看到這種畫面我就忍不住怒火中燒，被害人是如此迫切地求助，希望有人救自己一命……最後加害人卻縱火並殺害了女學生。儘管如此，這個國家依然沒有判他死刑，實在讓人錯愕。

—要改變社會整體的認知，該如何著手？

要持續炒熱話題啊，也要在媒體上持續指出錯誤，我們這些人也要不斷談論。就算女人說「ＮＯ」，也沒人認為她們真的在說「ＮＯ」。她們說要分手，男人卻認為女人沒有提出分手的資格。就憑妳也敢說ＮＯ？這就是她們死去的理由。不是只有加害人這麼想，是整個社會都用這種角度看待，所以才沒能立法。部分的既成世代[12]是如此，父權思考的權貴人士也安逸地認為：「怎麼

11 以加密通訊軟體 Telegram 建立群組，製作並散布包括兒童與青少年在內的性剝削影片。
12 在社會上享有穩定地位的世代，主要指四十至六十歲。

連示愛的方式都要規定啊？」因此我們只能繼續談論女人的生存權、享受權與選擇權。

—仔細讀過那一百零八篇判決書後，強烈感覺到男性的暴力行為是會被諒解的。當男人主張女性瞧不起自己，在「激憤」下殺害對方時，也被視為有利要素。這是因為很多法官還懷有父權思想嗎？

他們就是抱持「確實該教訓一下」「只是揍了她幾下，她運氣差就掛了」「就是說啊，幹麼惹怒對方……」這類想法，所以加害人就算打死人，頂多也只判個三年徒刑或寫寫悔過書、請願書，最後就會緩刑。

所以加害人才為所欲為、隨意打人，手持兇器要脅乃至殺人。「妳看不起我是吧？那也讓妳嚐嚐同樣的滋味吧。」但他們又會用各種說詞包裝，說得好像自己沒有殺人意圖，法官卻又採納那些說詞。判決書中處處可見「被害人的責任論」。我國法官都太容易針對被告的處境和狀態酌情處理了，相較於應報主義[13]或懲罰的意義，他們展現的都是寬宏大量、施予恩惠的君主形象。這種潮流與被告的性別並無太大相關性，只是給予了寬容的處分而已。

被告只要寫寫悔過書、繳交請願書就能減刑，法官會認為他們是精神耗弱，因為被告喝了酒而寬恕他們，法官向來都只考量這些層面，依此設定量刑標準。直至二〇〇七年成立大法院量刑委員會，制定量刑標準前，法官向來都有酌情減刑的慣例。

所以孫定祐[14]也才只被判了一年六個月。假如是在美國犯這種罪，必會遭受重懲，我國居然只判一年六個月，還要慶幸他至少有被判刑。

之所以如此，就是因為處罰標準模稜兩可，導致加害人應該受到懲罰的案件都被掩蓋。量刑委員會的宗旨就是為了防止這種事發生。我也曾擔任量刑委員會的專門委員，提出不少這方面的問題。當時我制定了性暴力與暴力量刑標準，但還沒有針對慣犯加重處罰。人類是慣性的動物，知其不可為而為之，還有比這更惡劣的嗎？所以我提出應該將「慣犯」納入量刑的加重要素，也確實在量刑上執行了。關於「壞人」的處罰標準就該像這樣清楚明瞭才行。

—有太多案件需要法官定奪，是否也是問題所在？

案件確實太多了，每個法官也各有不同。如果想縮減差異，法官就需要進修，但法官的工作原本就很繁重，召集培訓並不容易。就算是法官也不可能全知全能啊，他們也是把自己世代的規範內

13 又稱「應報理論」，像是「以牙還牙」，「殺人償命」等，認為犯罪行為人與其所受到的懲罰必須相對應。
14 世界最大兒童性剝削網站「Welcome to Video」管理者，目前已經出獄。

化了。如果用七〇、八〇年代的兩性平等意識進行審判，自然不可能反映出二〇〇〇年代之後快速改變的認知。

八〇年代時，性暴力尚未形成社會議題，那時曾以「為了保護女人」這種理由而維持告訴乃論的時期。當時的論調是，要是性暴力形成社會議題，妳們會羞於見人，一輩子帶著性暴力被害人的烙印，因此必須維持告訴乃論。我們曾經活在「我們會給妳不成為社會頭條人物的權利！」的時代，他們的思想跟不上快速改變的認知。

—是否有替代方案呢？

應該增加專門法院和專職法院。首先，法官實在太少了，即便只要能仔細閱讀案件紀錄就能得知其本質，他們卻連細讀的餘裕都沒有。一天就有好幾個案件要審，只能依照慣例進行判決，沒辦法判重刑。親密殺人也一樣，如果兩人已經分手，沒有事先準備是不可能的。如果想好好閱讀所有資訊，並反映在量刑上，首先必須增加法官的人數。

—綜合您目前所言，聽起來是在說審判時，通常都採用加害人中心主義？

審判時，被害人無法成為考慮事項。被害人作為一種證明被告案件的要素，只負責了證人的角色。被害人的心聲完全沒有反映於審判中，他們就像是構成犯罪要件的部分要素之一，大概就像是一把兇器之類的。被害人遭受多少痛苦並不重要，沒有人同理被害人的處境。

在歐美國家就會顧及被害人感受。針對跟蹤事件，在判斷前會有「受害影響陳述書」，也就是讓被害人陳述自己遭受多少生命威脅與痛苦的權利。

我國卻是由被告提出悔過書並替自己辯論。難道不該聽聽被害人訴說「加害人令我痛不欲生」的陳述嗎？這是常識吧。可是我國的審判過程中，被害人的痛苦消失了，只剩下加害人的反省。由於只剩加害人的反省成為量刑標準，因此即便殺了人仍能獲得緩刑。約會暴力的被害人願意和解是基於什麼原因？就是心生恐懼才答應和解啊！這究竟是為被害人還是為加害人著想？這樣的司法制度等於是與壞人站同一陣線。

—確實如您所說，有些男性即便打死被害人，仍獲得緩刑被放出來。

等於是用金錢買正義嘛。當這種結果反覆出現，女人自然會認為這個社會「缺乏正義」。正義是什麼？不就是做錯事的人得到嚴懲，想辦法消除冤死之人受到的傷害，國家應該為此負起責任，卻依然活在八〇年代的思考方式，界線含糊籠統，要大家唯命是從，國民要如何相信正義是存在的？況且遭到忽視的死者性別呈現一面倒的趨勢，全部都是女人，這太不平等了。

—即便身處這個能以金錢買到正義的社會，我們可以做些什麼呢？

制定在加害人殺人前就能介入並給予制裁的法律體系至關重要，所以國會立法很必要。必須立法讓女性得以檢舉輕度跟蹤行為、戀人間的暴力行為，並藉此讓加害人變成前科犯。一旦達到特定檢舉次數，就必須判刑，如此一來，女性就會努力檢舉並「大聲呼救」了。

法院組織法也必須修訂。大部分未受重傷的女性相關案件皆由家庭法院受理，但主要都採取臨時措施或保護措施。若是約會暴力也立法，很可能像家庭暴力一樣由家庭法院負責，但家庭法院沒有刑事部，無法給予刑事處罰。若家庭法院無法審判，就該移送刑事法院才對，程序卻要耗費三至六個月，而女性們在這段期間內就已經死亡。

為了防止這種問題，家庭法院應該額外設置刑事部。如此就能採取禁止接近、臨時措施等，若被告違反三次以上就能立刻拘留。這是透過修訂法院組織法就能解決的問題，也等於有了專門負責親密暴力等相關案件的專責法院。由於目前都只專注在立法並將案件移交刑事法院，才會有漏網之魚，唯有女人死後才能了結。

我們必須在女性犧牲前就阻止它發生。

2

Chapter

無處可逃的我，孤獨一人

怪人、密室、獨自一人

人在什麼時候會感到恐懼？針對這個問題，EBS《知識頻道E》曾於二〇〇六年透過「恐懼的法則」做了歸納：

—怪人，異樣物體突然出現的恐懼感。
—密室，無法從封閉空間逃脫的恐懼感。
—獨自一人，除了自己別無他人的心理壓力。

這個法則也能直接套用於約會暴力：和我交往的戀人突然變成「怪人」的恐懼感；那個怪人對我無所不知，感受到無法擺脫其魔掌的恐懼感；沒人能保護我，感到孤立無援的心理壓力。親密暴力可怕之處就在於此。每十天就會發生一次唯有女性送命才能終結暴力的情況，也令人毛骨悚然。

在國語辭典中，約會暴力的定義是這樣的：男女在交往過程中發生的身體、語言、精神暴力。交往意指彼此密切往來。

性情大變

被告六年多前認識居住同棟大樓的被害人後，大約從三年前開始會替被害人按摩等，雙方過從甚密。

——首爾南部地方法院，二〇一六年一審刑調字第〇〇〇號

被害女性患有帕金森氏症，或許因此才更依賴交往的男性，但男人有一天突然變了個人，強暴了被害人。光是閱讀判決書描述的過程都膽戰心驚，太醜惡了。女人當場就死了。

男人在審判過程中的辯解也同樣醜惡，他說自己平常要求發生性關係時，女人都只是嘴上說說，沒有真的答應。案發當日，女人說有東西要給男人，邀他去家裡，他就跟著去了。男人甚至主張是女人說要在自家發生性關係才跟去的。男人說，在雙方合意下發生性關係的途中，女人突然抓他的脖子，說了一些令他不快的話，他才會把女人從床上推下去，這些都只是加害人的片面之詞。

男人還要求國民參與審判，在國民法官面前強調自己是三級聽障人士，並表示在偵查過程中，

警察和檢察官對自己大吼大叫，他才會被嚇得招供，等於是在法庭上推翻自白。

法院只接受了男人的部分主張。男人在溝通上有障礙雖屬實，但陳述一貫且具體。法院尤其將焦點放在被害人最後在世上留下的證據，判斷女人在男人身上造成的傷口，是在抵抗過程中造成的，但僅止於此。判決雖定了強暴罪，卻判斷男人無故意殺人之嫌。強姦致死，法院判了男人七年有期徒刑。

兩人的交往關係在男人性情大變後畫下殘酷的句點，女人離世時為七十四歲。

糾纏不清

被告與被害人曾是戀人關係。兩人同居後，因為被告經濟有困難而結束同居生活。被害人開始迴避被告的聯繫，被告一氣之下便決定殺害被害人。被告知道平時被害人經常去拜訪妹妹，因此先破壞被害人妹妹家門鎖後潛入。同日，被告手持事先準備的菜刀，在等待期間發現被害人與朋友一起回家，於是在玄關揪住被害人的領口，試圖將其拉進家裡。

——水原地方法院城南分院，二〇一八年一審刑調字第〇〇〇號

「你在做什麼？」被害人的朋友挺身而出並大喊，男人持刀刺向她。被推進玄關的女人再次出來擋住男人，緊緊抓住菜刀，在千鈞一髮之際救了朋友一命。男人再次將女人推進家裡，連刺許多

刀，女人就這樣在妹妹家中喪命。

成為犯罪現場的妹妹家曾是兩人共同生活的空間，男人在審判中主張自己罹患失智症和憂鬱症，無法分辨是非，缺乏自主能力。法院並沒有接納男人這番恬不知恥的卑劣辯解，判了二十年有期徒刑。

男人不服審判結果，過了幾個月，二〇一九年三月再次開庭，二審也判了二十年有期徒刑。男人再度不服。假如女人還活著，那將會是她第七十四次迎接春天，但就在那時，男人提出了上訴。

此事被媒體報導後，民眾並未把此事件看成親密殺人，留言區寫滿「這把年紀……」、「算是善終了吧」、「瘋老頭」等，在這種抨擊與偏見下，根本難以看清親密殺人事件的本質。

男人對女人糾纏不清，不肯接受分手，還利用自己對女人所知的一切濫用於犯罪，而女人面對男人的犯行根本難以招架。對女人來說，男人的糾纏不清形成「密室」這樣典型的親密暴力。

懷疑

他知道我住在哪裡，知道我見了誰，
這樣的他卻開始懷疑我。

禍根是洋蔥。男人以女人送洋蔥給其他男人為由，懷疑女人劈腿。他們都住在小鹿島，男人和女人是痲瘋病患者，在同一個村裡接受治療而開始交往。男人在島外還有個妻子，隨著和女人關係越來越深，男人和妻子離了婚。

男人的懷疑與日俱增，他要求女人不准和其他男人見面，問她為什麼要送小菜給其他男人，問她是否跟其他男人去旅行。隨著懷疑越來越深，兩人的關係也逐漸疏遠。

男人在法庭上主張自己對女人說：「我們再試一次吧。」女人卻說：「我為什麼要聽你的？以後別打電話給我。」所以他很生氣。

凌晨四點半，男人跑到女人家，兩人在臥室對話。男人在法庭上主張自己對女人說：「我甚至為了妳離婚，為了妳做了很多事，妳讓我連最後的自尊都沒了。」接著開始拿刀砍殺說「一切都結束了」的女人。判決書上的揮刀次數，能說明女人的恐懼與痛苦嗎？這是六十一年來，女人第一次無法迎接早晨的到來。男人並沒有停手，他將刀子放入褲子口袋，去了另一名男人的家，而那名男人，同樣是六十四年來第一次無法迎接早晨到來。

男人不斷懷疑女人，在所謂「激憤之下」殺了對方，因為「怒不可遏」而失去理智，肆無忌憚地在女人認為最安全的場所做出極端暴力行為。這是親密殺人中時有所聞的典型情境，大眾卻把這個在二〇一六年八月發生的事件稱為「痲瘋病殺人事件」。

親密殺人

警方每年會分開統計約會暴力事件。約會暴力可分成施暴・傷害、逮捕・監禁・威脅、性暴力，至於殺人犯罪則分成既遂（殺人）與未遂，並依犯罪類型管理現況。

我們向警察廳詢問了約會暴力統計方式的具體細節。首先，假如一一二申訴代碼為約會暴力，還有犯罪偵查過程中歸類為約會暴力時，就會被納入統計。如果是同居，警方就會判斷事實婚姻的有無，並納入家庭暴力。如果是離婚後和其他人交往時所發生的事件，警方就無法給予明確答覆，並表示：「就現實面來說，很難像是用刀子切蘿蔔般明確劃分。」目前警察會用「事實婚姻判斷檢查清單」，並透過兩人是否辦理結婚登記、是否同居三年以上、是否和加害人有子女等進行判斷。當加害人與被害人兩人在法律上均無配偶的情況下，才會承認事實婚姻關係。

當警方判斷兩人為事實婚姻關係時，事件就會以家庭暴力受理，若認定兩人非事實婚姻關係，則歸類為施暴。表示當警方判斷兩人為同居人，就會以一般施暴事件進行調查。也就是說，在同居關係中發生的事件，以及離婚後與其他人交往時發生的事件，都可能成為約會暴力統計資料的漏網之魚。

假設警方判斷非約會暴力，也會歸類為一般施暴事件。因此根據警察判斷的不同，有可能被納入約會暴力統計，也可能遺漏。

除此之外，判斷也會受偏見影響。「這把年紀……」、「算是善終了吧」、「瘋老頭」等留言就充分顯現出這樣的偏見。就算年紀大也可能與他人交往，可能在過程中發生暴力事件，也可能因此遭到殺害，卻有可能不會被視為「約會暴力」。這是對年紀的刻板印象，且「約會」這個用語本身就已經帶有刻板印象的意味。

國內使用「約會」一詞的歷史相當悠久，甚至一九二八年十月七日刊登於《朝鮮日報》的金東煥長篇小說《戰爭與戀愛》就已經出現。約會一詞相較於關係本身，主要是指關係中發生的行為，在多年前的報紙上發現的某事件報導便是其中一例。

> 首爾西部警察局以殺人嫌疑申請拘票，嫌犯是把要求分手的女友從三樓推下、導致其死亡的尹○○（二十九歲）。尹嫌跑到一個月前透過相親認識的金小姐（二十三歲）住處，向其追究前一天爽約一事，聽到金小姐表示「我現在和其他男人在談戀愛，以後別再見面了」後情緒失控，將金小姐從三樓的玻璃窗推下，使其墜落八公尺後死亡。
>
> ——《京鄉新聞》，一九九一年十月八日

現在人們仍經常使用約會一詞。若在入口網站搜尋「約會」，會自動出現「美食」、「餐廳」、「套餐」、「費用」等。「約會」一直就像這樣被當作一個浪漫詞彙在使用。因此，在傳達交往對象對被害人施加的暴力有多致命與嚴重時，約會暴力這個用語就有其限制。

此外，約會暴力這個用語可能會強化這種嚴重的暴力問題，僅侷限於特定年齡層的偏見。在一百零八篇判決書中，遭交往男性殺害的六十歲以上被害女性為六人，五十到五十九歲為二十六人，四十到四十九歲為三十三人，中年以上的女性被害人就超過六成。而這可怕的暴力事件，導致每十天就有一名女性死亡。

聞名世界的女權主義者蕾貝嘉・索尼特（Rebecca Solnit）在自己的著作《這是名稱的戰爭》（Call Them by Their True Names）中說：「使用正確的名稱稱呼某物，才會讓人開始關注它、不遺忘它，也才不會毫無對策。」並認為「儘管稱呼無法改變世界，但稱呼確實是重要的階段」。名稱可以改變認知，我們決定將這令人髮指的現實命名為「親密殺人」。

今天也被交往過的男人……

激憤

那天是女人的生日，兩人七個月前開始交往。三個月後，男人入伍，但才過三個月後就回來了，提前退伍的原因是患有急性精神病。這時，恰好也是一個多月不見的女友生日。這天，兩人在女人家中吃著烤五花肉。

男人的情緒很激動。「女人拒絕了男人說要一起去買禮物的邀請，只顧著喝酒」是惹男人不高興的導火線。他平時就認為女人瞧不起自己，也懷疑女人劈腿。想到自己被當成蟲子看輕，男人勒住了女人的脖子。激憤的情緒持續了長達二十分鐘，也是男人以頭部固定（用雙臂抱住對方頭部、勒緊其脖子的姿勢）勒住女性脖子的時間，就在生日隔天，女人在醫院死亡。

開庭後，男人果然主張自己精神耗弱，罹患精神分裂症，辨別事物能力或自主決定能力薄弱，法院判了他二十年有期徒刑。

被告的精神疾病雖對此犯罪事件多少造成影響，但被告入伍前並未罹患特別的精神障礙且生活正常，也沒有資料顯示被告在退伍後有其他違法行為。被告在與被害人交往期間，認為被害人瞧不起自己或懷疑被害人與其他男人交往等，對此心懷不滿……（略）與其說被告殺害被害人的理由是因精神病而起，看成是自卑感與被害意識造成更為貼切。

——首爾南部地方法院，二〇一八年一審刑調字第〇〇〇號

法院表示「即便被告處於精神健康不佳的狀態，被害人依然與其交往，給予支持與鼓勵」，以「衝動調節障礙等性格缺陷並不屬於身心障礙」來斥責男人，也補充：「即便是正常人也多少會有激憤情緒」。

激憤，女性面對這種怒不可抑的情緒時，恐懼無以復加。當這種情緒以暴力的形式顯現，絕大多數女性都沒有制伏或阻止男性的能力，更別說雙方物理力量的懸殊差異，而且大多發生於女性認為最安全的地方，也沒有任何目擊證人。

一百零八件親密殺人事件中，有九十五件沒有目擊證人，有八十四名加害人主張自己是情緒激憤才突發性的犯罪。在加害男性或被害女性的居住地或汽車等場所發生的案件為七十六件，而女性

在男性使用物理蠻力下死亡的為五十二件。超過一半以上的被害人是在兩人獨處時，因男性情緒激憤，在認為最安全的地方，被男性的物理蠻力導致喪命。

原本替自己慶祝生日的男友突然性情大變，讓那個地方成為可能發生任何事的密室。汽車、常去的咖啡廳、朋友家、職場等任何地方也都可能成為密室。加害男性對交往對象會逃去哪裡瞭若指掌，受害女性無處可逃。

威脅

男人和女人交往不到一個月，他們在十一月交往，聖誕節時分手。「妳是不是跟其他男人見面？」面對男人不斷的懷疑，女人提出分手，男人死纏爛打的程度卻令人毛骨悚然。

二〇一七年十二月底，男人跑到女人家，試圖解開大門密碼。二〇一八年一月一日，男人說假如女人不跟他見面就要跳樓。儘管女人說「我會報警說你是跟蹤狂」，男人也沒有收手。「要報警就報警，我會殺了妳，讓妳在〇〇這個圈子活不下去，妳覺得我會放過妳嗎？」男人如此要脅。二〇一年一月六日，男人從午夜到下午一點不斷搭乘電梯上上下下，在女人家門前等待，一見到女人就逼問她是不是和男人外宿。

男：「不用擔心，我會死在妳看不到的地方。」

女：「拜託你不要這樣好不好……不要嚇人……我很害怕。」

男：「我明天預約了〇〇汽車旅館。」

女：「為什麼明天約要在汽車旅館見面……你打算殺了我？」

二〇一八年一月七日，女人被關在汽車旅館的六〇八號房五個小時，男人拿刀假裝割腕，再次逼問女人是否和其他男人外宿，甚至說：「如果要分手就一起死」。

最終，女人從汽車旅館的陽臺欄杆墜落身亡。法院判斷「被害人很可能是在無處可躲的狀況下，為了避開逐步逼近的被告而爬到欄杆外，卻因手滑而墜樓」。男人的罪名為特殊監禁致死，判處十年有期徒刑。孤身一人的女人，假如向警方檢舉，是否就能保住一命？

監視

男人和女人同居七個月。這段期間，男人揍了女人許多次。女人說要分手，並且換了大門密碼。隔天凌晨，女人在家門口再次撞見男人，被男人拖入家中施暴。女人鼻子受了重傷，動手術後住院九天才出院，男人依然糾纏不清，女人也不斷對男人說要分手。

二〇一六年三月三十一日，男人買了切肉刀。四月三日，男人拆掉女人家的防盜窗後闖入，持刀威脅要復合。四月九日，男人買了位置追蹤器。四月十日，男人與女人的表哥見面，表哥表示要是男人再接近女人，就會告他私闖民宅，男人也承諾「不會再和被害人見面」。

四月十一日至十三日，男人借了一輛車，在女人住家與公司附近監視。四月十二日至二十日，女人去了濟州島。四月二十二日，男人決心要殺了女人。四月二十三日，男人在女人車上安裝位置追蹤器。

四月二十五日，女人上午看完精神科門診後抵達公司。那是她重返職場的第一天，但那個地方也是男人再熟悉不過的另一個「密室」。男人在公司附近徘徊監視，等女人一走進洗手間便立刻尾隨。下午一點二十六分，男人持刀在那個地方刺殺了女人。

即便被男人施暴、威脅，女人仍無法報警。當她住院時，當男人拆掉防盜窗潛入自家時也一樣。即便表哥警告「不要再跟她見面」、「如果再接近她就告你私闖民宅」，女人仍難逃一死。女人自始至終都孤獨一人，要是請求警方協助，是否就能救回女人一命？

那男人重返的時間

三小時七分

下午兩點二十六分左右，女人向警方舉報男人。

下午五點三十三分左右，男人打死了女人。

二〇一七年一月十三日，世界依然喧囂不已。「朴槿惠—崔順實閨密門案」的公判結果已被連續報導多日，每到週末就會舉辦要求時任總統朴槿惠下臺的燭光集會。就在同一天上午十點七分左右，一名女人在醫院斷了氣。四天前人還好端端地收看電視新聞的女人，死因為頭部骨折與外傷性腦出血。頭部受到的外力足以使骨頭碎裂，這表示從大腦組織滲出的血液非常大量。這是兩個月前還在跟女人同居的男人犯下的罪行。

這駭人犯罪發生的地點是女人朋友A的住家停車場。監視器拍到男人走出停車場的身影，沉著冷靜且平凡無奇，看不出是會對女友殘忍施暴的人。這個男人在稍早前用腳踐踏女人的頭部，用雙手抓住她的頭往地板猛力撞擊，揮拳猛揍女人的臉，用腳將女人絆倒在地，並用刀子威脅目擊這一幕的朋友A，使其不敢貿然靠近。

女人當時待在A家中躲避男人。案發時間為一月九日下午五點三十三分左右，在那之前不久，女人接到一通電話，是共同朋友B打來的。B要求女人跟男人見面談談，於是女人和A一起下樓來到停車場，男人卻早已在A的公寓停車場等待女人。男人在那裡打電話拜託B，要B說服被害人的時間為當天下午三點四十八分。

就在約莫一小時前，男人所在的地點是警察局。那天下午兩點二十六分，女人舉報男人：「我跟男友說要分手，但他不肯離開我家，還威脅我。」於是警察將男人帶至警局進行調查。

可是男人出現在A家停車場的時間是下午三點四十八分。若是考慮到移動所花的時間，男人「被警方抓」的時間非常短暫。

一週前的一月二日，男人也打破女人家的窗戶潛入。十天前的二〇一六年十二月二十三日，男人說聯繫不上女人，跑到女人另一位朋友的公司大吵大鬧，將大門和玻璃窗砸碎，對其他人施暴並打斷了對方的鼻梁。女人說要和男人分手的日子是二〇一六年十一月二十九日。

女人要求分手時，男人傳了這些訊息給她：

「我想殺了妳。」

「只要看到妳，我就會來真的。」

「知道人渣就該被打死吧？」

女人最後被打死了。

四十四小時三十六分

二〇一九年七月的新聞焦點為「劇毒」。當時大法院判決日本企業應給予日帝強占期間被強制徵用的被害人賠償，而日本選擇了極為猛烈且致命的報復手段，表示將停止販售製造智慧型手機或半導體時必要的材料給韓國，其中包括氟化氫。那是在製程中用於浸蝕與清洗半導體，足以左右成品品質的重要化學物質。

對人來說，氟化氫是要比鹽酸更危險的物質。若是暴露於氣體狀態，會導致身體臟器腐爛。液體狀態的氟化氫稱為氟酸，洗衣店也會用於乾洗過程中，除去異物。它在液體狀態下會腐蝕金屬和玻璃，因此一定要保管於塑膠容器。

宣判被告二十年有期徒刑。扣押的褐色塑膠容器（10×5×25）一個（第一號證據）沒收。

——首爾西部地方法院，二〇一六年一審刑調字第〇〇〇號一點五公升的礦泉水瓶規格為底部直徑九點二公分、高三十公分，而法院沒收的褐色二十五公分高塑膠瓶容器內裝的正是氟酸。男人將這種劇毒潑灑在女人臉上，半小時後女人身亡。

三天前，女人說自己不想再提心吊膽地過日子，男人經常聯繫令她很有壓力，希望他別再聯絡自己，至於錢也看他手頭方便，慢慢償還就好。隔天，男人傳了這樣的訊息給女人：「我該做的都做了，我會埋了妳這個瘋女人，徹底毀掉妳。」也許加害人在傳送簡訊時，腦海就已經描繪出犯罪方法了。男人沒有說要殺了對方，而是說要毀了她。一分鐘後，他再次傳訊息給女人：「妳先去死吧。」

男人預告殺人是在十一月二十二日晚間十點九分，女人向警方報案。十一月二十三日凌晨一點二十分，兩人來到派出所。女人把男人的威脅訊息給警察看，表示男人這段時間持續強暴自己。男人當著警察的面朝女人的臉揮拳，加害人被移送警局，但當晚接受調查後就離開了。

十一月二十四日晚間九點，男人跑到女人的公司，在停車場抽菸等待，手上提著黑色塑膠袋，裡面放了裝有氟酸的「第一號證據（塑膠容器）」。男人發現於晚間九點五十六分下班的女人後追上去，揮拳揍女人的臉，並以腳踹倒她，接著將那致命劇毒往女人臉上潑灑，最後女人身亡。

從兩人去派出所至此刻，才過了四十四小時三十六分，男人就再次出現。在那恐怖至極的瞬間，女人獨自一人。警察沒能阻止這名「怪人」，檢察官或法院也一樣。

十六小時十一分

二〇一三年十月二十三日，第一次開庭。女人六十一歲。二〇一四年五月二十二日，第二次開庭，女人六十二歲。二〇一七年二月十日，第三次開庭，女人已不在世上。

這些事件的加害人都是同一人，就是那個男人。

第一次開庭，法院判了持菜刀威脅女人的男人八個月有期徒刑，緩刑兩年。過了三個月，男人再度持刀威脅女人，但刀子被奪走，於是男人對她施暴。那時男人說：「我要殺了妳，再去坐牢。」

第二次開庭，法官判男人一年有期徒刑。一審法院表示，「考慮到被告以相同犯罪行為接受判決後，不到四個月再度犯罪等事由，有期徒刑無可避免。」男人提出上訴。二審時，即便檢方舉出「被告此前也曾多次對被害人施暴」的事實，還是改判了八個月有期徒刑。

二〇一五年九月，男人出獄，過了一年後又喝醉跑來找女人：「我要殺了妳再去坐牢。」女人拿起電話要報警，男人開始對女人施暴，朝女人臉吐了四次口水。半個月後的二〇一六年十月二日，男人再次出現暴力行為，女人報警，男人在警察局接受調查。

即使已經被判兩次徒刑，男人還是被釋放。他又回到女人家中，男人主張，隔天下午三點兩人發生衝突，他持刀刺殺想報警的女人，女人當場就失血過多而死。

第三次開庭。「無特別理由……」這句法官在前兩次判決書上寫的句子又出現了。男人「無特別理由」就對女人施暴，對「照顧離婚後孤身一人的自己數十年的被害人」說「妳在外頭幹了些什麼？」並持刀威脅她：「妳是不是打算跟其他男人亂搞？」他逼近躲到其他房間的女人說：「妳幹麼待在這個房間？」並再次動粗。女人最後死在男人手上，法院判男人十五年有期徒刑，男人又去吃了牢飯。

在判決書上可看到男人每次對女人施暴時，女人都有報警。「無特別理由」卻延續暴力狀況超過五年以上，最後以女人之死作結，而且就發生在女人報警的十六個小時十一分之後。

這是女人最後一次報警，警察、檢察官或法院，都沒能將女人從這駭人恐懼中解救出來。

親密殺人之前，對同一女性施暴、威脅、監禁、私闖民宅，甚至殺人未遂等，以致男性遭刑事起訴者，在我們找到的一百零八篇判決書中就有十九件。儘管公權力已經明確認知殺人前兆，依然無法阻止女性之死。其中由檢察官緩起訴處分或不起訴處分後發生親密殺人者有兩件，在審判中被判緩刑後仍殺害女性的事件也有四件之多。此外，大部分親密殺人前兆都發生在案發前六個月內，她們都報了警，最後卻都死了。

「若將被害人面臨的各種情況放大來看，即便警方充分得知加害人的危險性，大部分卻都只看事件本身。加害人太輕易就被釋放了，那十九名被害人原本可以活下來的。」

——韓國女性熱線政策組長／崔娜努

目擊者

親密暴力被害人感受到的恐懼感另有其他：那人知道我住的地方、學校、老家及親友，要是他傷害對我來說很重要的人怎麼辦？

這是來自親密暴力被害人李雅莉作家的漫畫《都是李雅莉：「約會暴力」——誰都可能受害，卻誰也不敢說》中的一段話，生動傳達出在向警方檢舉對自己施暴的男友並整理兩人關係的過程中，必須獨自承受的恐懼感。

這種生怕身邊重要的人可能會因我而受傷的恐懼，絕對不是誇大。在一百零八件的親密殺人事件中，有目擊者為十三件。在公園、街上、咖啡廳等公共場所犯罪的案件有五件，目擊者為行人等第三者，剩下八件的目擊者全部都是親友。

某一天，女人的媽媽、兒子或朋友被突然闖進家裡的男人刺殺，十三件親密殺人事件中，有六名目擊者死傷。另外兩名則只是因為人剛好在被害人身旁，就被迫目睹那駭人的瞬間。其中年紀最小的目擊者在案發當時不過五歲。

即便在被害人尚且年幼的子女面前，被告也沒有停止犯罪行為，儘管被害人苦苦哀求饒命，被告依然殘忍地刺傷被害人的全身。（略）被告的殘忍犯行使被害人失去了寶貴的性命，在死前承受難以想像的極度痛苦。被害人的遺族，特別是親眼目睹被告殺害自己母親的子女，很顯然會一輩子活在難以承受的精神衝擊與痛苦之中。

——大邱地方法院金泉分院，二〇一八年一審刑調字第〇〇號

女人和交往的男人分手後，男人仍一直要求見面、不斷打電話，甚至跑到她家去。女人請求法律協助，卻連一場正式審判都沒有。依據簡易判決[15]對男人判處的最高刑罰，只有罰金三百萬。

男人心懷怨恨，將刀子藏入懷中，將自己的車子停在女人和兒子居住的大樓地下停車場。那天母子倆為了去醫院而來到地下停車場，在要上車那一刻，男人現身擋住了她。他以左手緊抓住車門，右手握著刀子，威脅女人去他的車上聊一下。

女人拒絕了，男人的手立刻採取行動，在僅有三人的停車場中，傳出驚心動魄的聲響。女人喊著「救命」，兒子則抓著殺人者的褲腰大喊「別這樣」。想必女人也聽到了兒子的聲音，即便被刀子刺傷，女人直到最後仍苦苦哀求男人饒命。見女人再也無法說話，男人驅車離開停車場，只剩下

女人的兒子留在原地。

被告在犯罪後移動至距離現場有一段距離的街上，車上放了疑似打算用來棄屍的揮發性液體。考慮到這種犯罪脈絡、手法、結果與犯案後作為，使得被告的惡行更難以饒恕。

——大邱地方法院金泉分院，二〇一八年一審刑調字第〇〇號

法院判男人二十年有期徒刑。在女人兒子二十五歲那年，男人將被釋放，若獲得假釋，則可能更早出獄。

三十六歲的人生消逝於一瞬間，沒有人守護住女人。公權力擁有的力量遠比那男人強大，但公權力判決男人的刑罰與三百萬罰金，反成「心懷怨恨」的男人殺死女人的禍根。案發當天，對女人瞭若指掌的男人停車的位置恰恰就在女人的車子旁，沒有人能阻止他，當下女人也必然感受到重要之人可能為男人所傷的恐懼。

15 無經過審判程序，僅依照檢察官提出的書面資料處以罰金、罰款、沒收等判決。

那些努力不放棄人生的臉孔

安娜・蒙迪埃塔（Ana Mendieta，一九四八～一九八五）是古巴裔美國藝術家，她把自己的身體當成表演媒介，所著墨的主題之一就是多數女性所經歷的暴力，其作品《流血的自畫像（Self-Portrait with Blood）》（一九七三）亦是其中之一。

我們看到了那張臉，額頭滿是血痕，鮮血沿著下巴流到了身體，眼角和鼻梁皆有血水。我們與正視前方的安娜・蒙迪埃塔的視線交會，她的眼神看來如此悲傷，彷彿放棄了一切，萬念俱灰，也能看出其中飽含憤怒。凝視那微微張開的嘴唇與眼神，似乎在問：「你沒有看到這張臉嗎？」

我們也能看見在一百零八篇判決書裡的「臉孔」。即便內容再怎麼枯燥，在那之中確實蘊含了她們的臉孔。那些看似放棄一切、萬念俱灰卻依然竭力不放棄人生的臉孔，現在都已不在世上。這是誰的責任？

「怠忽職守」指的是對某件事棄置不管，遲不解決。也是每當世界因親密殺人事件而鬧得沸沸揚揚時，用來批判警察不負責任與無能的形容詞。許多人指責，就算被害人報了警，仍因警察未採取適當措施而讓事情難以挽回，但一線警官所寫的論文讓我們再次思考，使事情難以挽回的人究竟是誰。

約會暴力如同家庭暴力事件，在被害人的保護措施上有其限制，缺少「禁止接近」等臨時措施規定，因此現今一線治安現場警察官的共同意見是，必須額外制定約會暴力處罰法。（略）大部分約會暴力事件都是以不拘留處理，導致加害人離開警察局後再次來到被害人家門前，問題就是從這時開始的。

——金漢中・姜東昱

〈約會暴力的實情與對策——一線警察官的觀點〉（二〇一九）

一名負責偵查二〇二〇年八月某親密殺人未遂事件的警官說：「就約會暴力來說，男性再次出現的機率很高。如果雙方是夫妻關係，我們能以保護令進行緊急處理，違反者就移送拘留所。可是約會暴力不是發生在夫妻間，沒辦法這樣做。我們努力想替被害人提供臨時住所，但針對這個事件，被害人的居住地點和工作地點相同。被害人還是得工作，無法隨意更改住處。其實就算搬家，如果沒有辭掉工作也沒用。被害人的公司在哪加害人都知道，我們是有這樣的難處。我們平時也有其他任務要出動，要四處巡邏，人力非常不足，也不可能二十四小時只關注那個事件……這是在結構上就有所限制了。」

問題的癥結點，在於警察無法徹底發揮「力量」的結構上，女性安全企劃官趙珠恩也證實了這點。在國會立法調查處擔任立法調查官十年的她，目前在警察廳負責女性暴力因應系統的政策方向。這樣的她，說出「女人得先挨揍，警察才能保護她」。

「加害人威脅『我要殺了妳』、將只有兩人才知道的象徵物品放在被害人住處，或者即便發生令被害人害怕的情況，警察也很難採取應對措施；也就是說，無法進行「事前預防」。就現行犯來說，被害人必須先挨揍、發生流血事件，才能請求人身保護。約會暴力事件的關鍵在於要將加害人與被害人區隔開，但目前警察無法採取任何避免加害人接近被害人居住地點和生活空間的臨時措施，因為警察缺少能保護被害人的法律根據。由於『約會』二字所蘊含的浪漫性，至今還有許多人認為這只是戀人在打打鬧鬧。約會暴力事件以殺人作結的情況也不少，整個社會都應嚴肅看待。」

現在警察能根據家庭暴力處罰法，針對家暴加害人採取禁止接近等臨時措施。儘管就算違反臨時措施，能制裁的手段也不過就是罰款，也有人批評應該採取更強烈的措施，但親密暴力連這樣的法律都沒有，這也意味著形成恐怖「密室」的可能性很高。

二〇二〇年九月，「實現女性人權的全國家庭暴力諮商所」與「韓國女性熱線」主辦的女性暴力相關法律暨制度改善討論會時，與會的一名警察發表的文章，更接近吐露身為警察內心的鬱悶。

關係內的暴力行為，具有反覆、長期發生且傷害越演越烈的特徵。因此，從實際接到報案出動到現場的警察、負責偵查程序的偵查官，乃至於負責保護、支援被害人的警察，都能感受到不小壓力。要是這個家庭、這段戀情發生更嚴重的事，該怎麼辦？（略）

「在發生犯罪行為後保護被害人」與「在犯罪行為發生前保護被害人」，哪一個才是對的？為了在有時效性的情況下保護被害人，必須在事件演變為犯罪前，在被害人身邊的警察能先發制人、加以介入。這種立法上的改善，是為了進一步保護被害人，懇切地呼籲賦予警察更大的義務與責任。

——警察廳女性安全企劃與家庭暴力對策課長／李恩九
「親密關係內女性遭受之暴力」相關法律暨制度改善討論會（二〇二〇）

這懇切的呼喊由來已久，光從目前依然呈現保留的約會暴力處罰法來看，就可知國會初次提出建議的時間點是二〇一六年二月，在那之後的三年間，一百零八名女性喪命。要求修訂家庭暴力處罰法，好讓親密暴力加害人也能受到處罰的主張，仍被反覆提起。明明有方法能將一名女性從那狠毒的「密室」中解救出來，卻依然撒手不管，真令人毛骨悚然。

認知塑造了框架。二〇一八年五月九日韓聯社刊登的報導〈在同居女要求下免於拘留的三十多歲男性，獲釋後殺害同居女〉底下就有這樣的留言：「她是被打上癮了」、「死掉活該」、「問題出在女人太蠢」。

根據這篇報導，加害人從二〇一七年十二月開始持續施暴，受到警方調查。二〇一八年三月，警方以加害人對被害人施暴而申請拘票，但法院考慮到被害人提出不給予處罰的請願書，駁回申請，後來在四十五天內，女人就被刺殺身亡。

判決書中將被害女性的處境描寫得更為仔細。從二〇一七年七月開始到案發為止，那男人對女人施暴後立案的次數就有七次之多。女人很可能在這段時間內認知到，即使是警察也無法徹底保護自己的現實，因此更害怕會遭到男人報復。此外，兩人經濟困頓，會遲交房租，若是對沒有正當職業的男人處以罰金，想必被害人也同樣擺脫不了這個負擔。

卻有人僅以被害人不希望處罰加害人的表面事實，擅自揣測抨擊，說她「死掉活該」或「女人太蠢」。他們並沒有指責加害人，也沒有追究警察的責任。這種「被害人責任論」又造成另一種恐懼，正是這種認知，導致「怠忽職守」一再發生，這個國家也因此變得更加可怕。

女性無法擺脫「性情大變」的男性，只能持續活在被囚禁於密室的恐懼中。那些臉孔，至今仍在消失中。

訪談

爲倖存者加油

作家／李雅莉

「雅莉，妳要活得趾高氣昂。不要垂頭喪氣，去做所有妳想做的事，活出有自信的人生。」這是媽媽對要去首爾的女兒說的話。女兒在被那個人勒住脖子時，想起媽媽的這句話。女兒當時正在哭泣。

「對不起，媽媽，我沒有過那樣的人生。」

勒住她脖子的人是前男友。那男人說他把我「當成玻璃般小心呵護」，還有他「殘忍地打破玻璃後，又將碎片收集起來黏好，接著又再將它摔破」，隨著同樣的情況反覆上演，「被黏得歪七扭八的玻璃無法映照出世界的模樣，碰到非常輕微的衝擊也會無力地坍塌」。這是將 Instagram 網漫集結成書的《都是李雅莉》裡的其中一幕。

內容是作家李雅莉（筆名）的親身經歷。年紀輕輕展開的第一場戀愛，就遭受了親密暴力，好不容易才擺脫那個男人。李雅莉將這個過程畫成網漫連載，才發現原來有許多人和自己有相同經驗。

在親密暴力中倖存的人，不是在她臉上有什麼特徵。李雅莉描述自己是「走在路上會和你擦身而過的平凡人」，意思是，任何人都可能成為「倖存者」。而這也同樣適用於加害人。

李雅莉透過作品提出疑問：「成天使用暴力的人究竟是長得一臉兇神惡煞，還是平凡無奇？」她的答案是：「他的身邊有很多朋友，他的能言善道輕易博取了他人的好感。如果撇開我不談，他是個非常好的人。」

—您並未在作品中描繪出加害人的眼睛，是想表達任何都可能成為加害人的含義嗎？

沒錯。親密暴力不只是物理性的暴力，也包括情感操控等情緒暴力、行為控制甚至是性虐待。由於它在戀人關係中戴著愛的面具出現，因此不僅是身邊的人，連被害人剛開始也不會察覺。沒有描繪加害人的眼睛，是因為那會強烈透露出他給人的印象。誠如您所說，假如任何人都可能成為被害人，那麼任何人也都可能是加害人。

我看到許多愛情題材的影視漫畫作品中有美化暴力的狀況。實際上我遇見的加害人也會把強吻想得很浪漫，而且當我拒絕發生性關係時，他也深信我是在欲擒故縱，其實內心是想要的。媒體在處理這些時應該採取更謹慎的態度，畢竟年輕的學生會透過這些間接體驗學習如何談戀愛。

因為學校沒有教完整的性教育（主要只教導性器的功能、懷孕與避孕等），所以很多人是看著所謂的A片累積奇怪的性幻想。若是在那種環境中成長，或許會連自己的行為是暴力還是愛都難以區分。

—舉例來說，哪些行為可以說「這也是一種親密暴力」呢？

以吃醋為由，硬是切斷戀人的人際關係，使其遭到孤立，在親密暴力初期很常見。還有，「妳太糟了，除了我沒有人會喜歡妳」、「只有我才會跟妳交往」、「奇怪的人是妳」等用言語蠶食對方的自尊心，連自己犯的錯也會把責任轉嫁給對方，使其產生罪惡感，以及當對方說要分手時就威脅要自殺，也是一種情緒暴力。做出對方不願意的身體接觸或強迫發生性關係，還有要求對方拍下身體部位傳給自己，若對方拒絕就勃然大怒或指責「妳不愛我」，要脅跟對方分手，都可以視為性虐待。

—目前並沒有親密暴力處罰法[16]，您認為立法的重點在哪？

希望立法重心能著重在嚴懲加害人、為被害人提供人身保護，以及排除「告訴乃論」的適用。我希望親密暴力犯罪的加害人能付出遠比一般暴力事件更沉重的代價。由於加害人熟知被害人的許多資訊，報復的可能性高，加上又是在親密的關係中發生，不僅是身體的外傷，也會造成極大的心理創傷，這是可能徹底奪走被害人人生的嚴重犯罪。

過去若被問到是否同意處罰曾是戀人的加害人時，被害人會基於罪惡感而猶豫，但若廢除反意思不罰罪就沒有這種問題了，加害人就會付出應有的代價。

將加害人與被害人區隔開的法案也絕對必要，目前申請禁止接近暫時處分的過程有許多漏洞。就算加害人接近被害人也只會被罰款，根本無法帶來實質的嚇阻效果。希望能給予嚴厲制裁，讓加害人完全不敢接近被害人。

—就現實面來說，立法或修法都很花時間。那麼至少就目前情況而言，您對第一線的警察有什麼期待？

有人檢舉親密暴力時，請明確認知：事件的原因與責任在於加害人，並指引被害人前往警察局。撰寫調查記錄時，請勿誘導被害人對加害人情感移入，讓被害人產生罪惡感或主動要求從寬發落，只要知道被害人是否有提告意願就好。

調查結束後，為了被害人的安全著想，請教導被害人如何申請禁止接近暫時處分，並指導被害人使用智慧型手錶（按下按鈕會自動向鄰近警局報警的手錶），因為結束警方調查後，加害人跑到被害人的家進行報復與威脅的情況極為常見。

警察必須在法律範圍內處理案件，總會有所侷限，我也明白有許多部分是警察無法替被害人解決的，因此我希望至少在現有法律內，能夠打造出會徹底調查加害人的環境，並對被害人提供協助。

—您以網漫形式分享自身經驗後，人生似乎也有很大轉變。

我得到許多，也失去許多。首先，親密暴力的記憶透過畫畫與讀者交流後，獲得些許釋放，也

16 親密暴力有別於家庭暴力，刑事上無法禁止接近暫時處分，缺乏處罰犯罪行為的根據，也就是刑法。儘管民事可以申請禁止接近暫時處分，但被害人有責任證明必須讓對方無法接近自己的理由，會耗費許多時間，根本上存在著明確的限制。

有去看身心科，接受藥物和心理創傷治療（EMDR），內心平靜了下來。因為過去的記憶而痛苦的情況已減少許多。

只是自從我在漫畫後半部開始描寫與現任男友的故事，就收到很多留言攻擊，現在依然如此。碰到「真搞不懂耶，明明就遭受親密暴力，居然還跟男人交往」、「現在還沒清醒啊」、「作家有憂鬱症，跟她講不通啦」、「李小姐是想再次感受三一打[17]嗎？」、「到現在還想找到不存在的獨角獸是為啥？」、「像妳這種女人啊，希望妳被男人拖去遊街示眾，最後哭哭啼啼地死掉。才會清醒吧」等難以承受的言語，就會產生再次暴露於暴力情境的感覺。

—曾經因為讀者的留言獲得力量嗎？

「看到作家最近上傳的日常漫畫就感到安心，連帶也覺得幸福。」其實有更多人會這樣對我說。就算聽到再多次都還是很感動。怎麼會為素昧平生的人的幸福開心，為她加油呢？在意他人並不是件易事啊，畢竟也有很多人會在我身上套用被害人濾鏡，強迫我做出符合被害人的言行舉止。好像被害人就該永遠憂鬱地窩在角落度日，或認為自己的傷口必須靠自己克服，不用靠任何幫助之類的。看到我現在從醫院畢業了，也開始談戀愛，看起來很幸福，就會有人故意找碴。

受到這些攻擊，我會感到身心俱疲，所以當知道有人無論我往後如何生活、有沒有談戀愛、穿什麼衣服、過得好不好，不管變成什麼模樣都會替我加油，都讓我覺得無比珍貴與開心。

—我們經常看到媒體報導親密暴力事件，您想給大家什麼建議？

我希望大家不要從被害人身上找原因，說被害人一定是有什麼問題才會碰到這種事，這是將責任轉嫁給被害人的二度傷害。人們容易只將焦點放在自己的親身經歷，把自己沒經歷過的事想得很簡單，任意評價。也會覺得被害人的模樣看了很不耐煩，難以理解。但實際經歷過的人就會知道，親密暴力不是瞬間爆發的，而是以非常緩慢，連被害人也沒有察覺的速度緩緩侵蝕被害人的情緒和內心，最後才演變成物理性暴力。

深愛之人所行使的暴力會留下深刻的內傷，要擺脫這種創傷需要極漫長的時間。但並不是說被害人會永遠深陷泥沼，被害人也能復原，再次露出笑容並獲得幸福。請不要對被害人說，妳為什麼不像個被害人，為什麼又跟別人談情說愛，把無數的「為什麼」貼在被害人身上，企圖將她們囚禁於某種框架內。請不要忘記，我們，是親密暴力的倖存者，並不是活該就要遭受親密暴力，我們是

17「女人每三天就要打一次」的縮寫語。

憑藉無數選擇努力填滿人生、再平凡不過的人。

—您想對親密暴力的「倖存者」說些什麼呢？

我想對獨自擁抱疼痛的記憶一路走來，以及將無法告訴任何人的話放在心中、獨自呻吟的妳說：真的辛苦了。或許可怕的記憶無法全數抹去，傷痕也不會消失，但我希望往後妳能以點滴累積的溫暖記憶覆在那上頭。相較於回想起往事，會有更多日子是沉浸於此時的幸福之中。

我會永遠與妳站在同一陣線！這是我最喜歡的一句話。我會為妳往後的每一刻與每個寶貴的選擇加油。

3

Chapter

不必酌情考量他的激憤

親密殺人的審判，公正嗎？

一百零八名女性因親密殺人而喪命，而我們是審判的非正式觀摩者，站在第三者的立場仔細檢視了包含二審的一百二十四場審判，最後得出一個疑問：這些審判都是公正的嗎？

「公正」的意思是公平正確。「公平」表示平均且不傾向任何一方，公正則是一種涵括公平的概念。那麼，「公正的審判」不該是偏頗的，也不該帶有偏見。這句話代表不該發生因法官的原有認知、偏見或缺乏概念而對審判結果造成影響，也代表無論遇見什麼法官，審判結果都應該相似才對。

當然，法官也是人，不是ＡＩ人工智慧，不可能像複製貼上那樣進行審判。但法官也是為「正義」服務的職業，具有必須不斷朝正確方向前進的職責，這是法官的職業倫理。

釜山地方法院部長法官朴珠映的著作《某種量刑理由》中出現以下段落：

（法官）平時就要思考何謂正義，以敏銳的眼光視之，且不能疏於立即判斷的訓練。（略）必須認真思考正義的本質，敏銳地打磨正義感。（略）必須將精心淬鍊的觸手反映於世上，繃緊神經。要是變得遲鈍無感或有所怠惰就完了。若是不隨時打開被託付保管的正義的倉庫，讓空氣流通，正義就會腐敗，化為氣體蒸發。

於美國最高法院服務二十七年、身為「進步的代表人物」的大法官RBG[18]就說過：「我們的職責是盡全力捍衛正義。」她又說：「法官必須檢視相關事實與相關法律是否吻合，同時對各案件做出公正的判決。」

所以，我們想再次請問負責那一百二十四場審判的諸位法官，是否隨時審視「被託付的正義」的完整性，並淬鍊自己的觸手？是否也如此捍衛正義？所有親密殺人的審判都是公正的嗎？因為根據我們的結論，比較傾向於——似乎並非如此。

18 露絲・貝德・金斯伯格（Ruth Bader Ginsburg）之名字縮寫，為美國最受人民歡迎的大法官。因其直率敢言，被暱稱為「聲名狼藉的RBG」。

殺了女友，卻仍是自由身

判決書上寫著女人的年紀是二十五歲。根據男人主張，是女友先發脾氣，男人說自己把女藝人的照片設為手機桌面，令女友不開心。女友說：「你是想跟其他女人交往嗎？」並離開餐廳，男人挽留她，也說自己道了歉，但女友沒有消氣。

「妳為什麼老是說完自己想說的就走人？」

「你有話要說就說啊。」

「妳為什麼不肯相信我？」

「你要用行動證明我才會相信啊，你都把女藝人設成手機桌面了，我要怎麼相信你？」

「我真的很抱歉。我很想用行動證明，卻沒有做到。」

「明明只是小事，你卻有讓人生氣的本事。」

女友常因小事發脾氣，這完全是男人的片面之詞。兩個月前分手的兩人，在沒有告知父母的情況下復合了。復合後，爭吵卻成了「案件」。

根據判決書描述，男人「因女友不接受道歉而瞬間動了怒」，將自己手中九十公分的黑色長傘丟向距離不到一公尺的女友。他把雨傘把手瞄準女人，抓住傘身用力丟出去，刺進女人的左眼，造成致命傷害，雨傘把手插入女人眼睛內的深度超過六公分，造成兩眼左側的蝶骨斷裂，碎片造成橋腦（中樞神經系統的一部分）損傷。女人在五十分鐘後便失血過多而死。

二〇一七年四月開庭時，律師主張加害人「並非朝被害人，而是朝牆面扔擲雨傘，非蓄意傷害被害人，也無法預見被害人會因此死亡」，但法官沒有接受這個主張。

被告與被害人的距離非常近，僅有一公尺左右，可知被告扔擲雨傘當下有故意傷害之意圖，也足以預見被害人可能會因此死亡。（略）此舉導致被害人死亡，造成了無法挽回的嚴重結果。

——仁川地方法院第十二刑事部，李永光部長法官

二〇一六年一審刑調字第〇〇〇號

以傷害致死嫌疑遭到起訴的男人，一審被判四年，卻在四個月後獲釋。因為在二〇一七年八月的上訴審，他被判三年徒刑，四年緩刑。上訴審的法院認定「就一般經驗法則來說，完全可以預想到被害人可能會因傷害而死亡」，至於「在極近距離朝被害人用力扔擲雨傘，導致雨傘把手刺入被

害人眼睛內側六公分以上」也皆被認定為「事實」。只有一個部分不同，就是男人向被害人遺族支付了兩億元和解金，遺族在上訴審懇請法院對男人從輕發落，法院接受了。

給予被告重返社會的機會，但僅限此次。

——首爾高等法院第一刑事部，金仁謙部長法官
二〇一七年二審刑事第〇〇〇〇號

在上訴審，男人的辯護律師主張「案發當時被告與被害人起爭執是極為瑣碎的日常小事」，那「瑣碎的」爭執卻導致女人失去了「寶貴的」性命，結束了短短二十五年的人生。

假如二〇一六年，當時二十五歲的女人到現在平安無事的話，到二〇二一年就三十歲了，她卻像其他被害人一樣被奪走了邁入三十歲的機會，而奪走那機會的男人以兩億元買到了自由，迄今仍像其他人一樣活在世上。

二十一歲的生命畫下了句點，但……

男人在支付一億五千萬元的和解金後獲釋。他是以「女友做出對其他男性表示好感的言行舉止」為由將女友打死。從二〇一八年八月二十日上午四點二十七分開始，施暴行為持續了十三分鐘。

加害人纏繞住被害人的脖子，以拳頭往下捶打被害人頭部，接著再次揮拳，第二次使勁毆打被害人頭部，使其暈倒。又以雙臂纏住被害人的脖子（又名頭部固定），使其失去意識並暈倒在地後，用手再度毆打被害人頭部。他扛起被害人，將其放置於馬路上，見被害人起身，便用雙手將被害人往後推倒。加害人纏住並轉動被害人的脖子，使其跌坐在地，等被害人倒在地上時，加害人便以拳頭毆打被害人的臉部一次，再把手機往下朝被害人的後腦勺扔擲後，使勁毆打被害人的臉，導致暈倒的被害人後腦勺撞上出入口地板的邊角，接著加害人朝打被害人的臉揮拳一次。

——清州地方法院第十一刑事部，蘇炳振部長法官
二〇一八年一審刑調字第〇〇〇號

判決書原封不動地記載了這十三分鐘的殘忍行徑，難以想像只能無奈流逝的每一分每一秒有多痛不欲生。法院表示，「被告心狠手辣地對被害人施暴，使其因蜘蛛膜下腔出血等症狀而死亡」，對以傷害致死罪遭到起訴的男人判處六年有期徒刑。但他也被放出來了。二審撤銷了原判決，判處被告三年有期徒刑，緩刑五年。

支付被害人遺族一億五千萬元和解金，順利達成和解後，被害人父親表示透過留在手機的照

片、訊息等，得知被告與被害人彼此珍惜相愛，並向法院提交了懇請從輕發落的請願書。

——大田高等法院清州第一刑事部，金聖秀部長法官

（清州）二〇一八年二審刑事第〇〇〇號

二十一歲女人的生命畫下了句點，而當時同年的男人在二〇二一年為二十三歲。

減少量刑的和解金

金錢在審判時是萬能的。你能以「和解金」買到自由，藉此減輕量刑。一百零八件親密殺人案件中，在上訴審時減輕量刑者有九件，在判決書中出現「支付和解金」的案例為六件，總共有四億七千三百萬元（包含一件和解金額不詳）支付給被害人的遺族，六名加害人一共減了十三年刑期。

五千萬元，減刑五年

在結束不倫關係後，被害人仍持續跑到被告經營的店騷擾、折磨被告。被告表示，案發當天兩人都喝了酒，被害人在車上對被告語帶諷刺。被告聽後情緒激憤，揪住被害人頭髮，使其頭部撞向儀表板與副駕駛座的窗戶，見被害人試圖開門逃跑，被告先是一把抓住被害人的頭髮使其無法逃跑後，再將被害人推至車外地面，毆打被害人的臉數次，再勒住其脖子，使其因頸部壓迫窒息而死。

被告在一審被判處十二年有期徒刑，但二審時向被害人母親支付五千萬元和解金後，改判七年有期徒刑。

——光州高等法院第一刑事部，崔秀煥部長法官
二〇一八年二審刑事第〇〇〇號

五千萬元，減刑兩年

在被害人與被告參加的週末農場聯誼會上，被害人與其他人起了糾紛，導致聯誼會活動因此結束。被害人對被告大吼：「為什麼你不站在我這邊？」還弄翻酒桌。被告一時怒氣湧上，甩了被害人兩巴掌，將其推倒在地，接著對被害人腹部、骨盆和大腿等部位拳打腳踢，使被害人當場因右心房破裂、肝破裂、多發性肋骨後方骨折、骨盆骨折等多重器官衰竭而死亡。

一審時，提供三千萬元做擔保的被告被判七年有期徒刑，二審時，他向被害人遺族額外支付五千萬元，被判五年有期徒刑。

——首爾高等法院春川第一刑事部，金福炯部長法官
（春川）二〇一八年二審刑事第〇〇號

兩千三百萬元，減刑兩年

持續對被害人施暴的被告，在無特別原因下甩了被害人四巴掌，接著連續半小時手腳並用，猛力毆打被害人的臉部和頭部，造成被害人的頸部肌肉與頭部兩側肌肉內出血、外傷性硬腦膜下出血等傷害而死亡。

一審被判六年有期徒刑的被告，在二審時支付兩千三百萬元作為葬儀費用，被害人的父親與被告達成和解，並表示不希望被告受罰。被告在二審時改判四年有期徒刑。

——大邱高等法院第二刑事部，李在熙部長法官

二〇一九年二審刑事第〇〇〇號

經濟能力能負擔的他們提供了被害人遺族和解金，罔顧已經不在世上的她們的意志達成和解。以生氣為由或沒來由地殺害被害人的那些男人，就這樣減輕了自己的刑期。

一位檢察官表示，「我相信以兇殺案來說，被害人的靈魂會留在法庭上」，並說自己是帶著認為被害人在場的心態出庭。假如如他所說，被害人真的在法庭上，她們會認為這些審判是「公正」的嗎？

殺人的代價

被告以未反抗的被害人為對象，以能使受者頭髮成把脫落的猛烈力道，用雙手抓住被害人的頭髮猛力搖晃數十次後，用雙手和雙拳毆打被害人臉部和頭部等十次以上，造成被害人外傷性硬腦膜下出血、肋骨多處骨折等傷害，導致被害人因外傷性腦出血引起重症腦水腫後死亡。

——議政府地方法院第十一刑事部，高忠政部長法官

二〇一七年一審刑調字第〇〇〇號

女人四十六歲，而她的死以九千萬元達成和解。一審法院判被告三年有期徒刑，緩刑四年。法院指出幾項對被告有利的情況，包括「被告是在向被害人追究與其他異性交往之事實時，情緒激憤才突然犯下罪行；被告在向被害人遺族支付九千萬元和解金後，遺族表示不希望被告受到處罰；被告犯案後主動向一一二報案」等。檢察官提起上訴並表示「原審判刑過輕」。男人又額外向受害人

的子女支付了三千萬。

在以為會就此畫上句點的上訴審判決中，法官表示：「人的生命是任何東西都無法換得的珍貴價值，而侵害生命之舉，是任何方法都無法挽回傷害的重大犯罪。」二〇一八年十月，法官撤銷了原判決，改判兩年有期徒刑。

人的生命是任何東西都無法換得的珍貴價值，而侵害生命之舉，是以任何方法都無法挽回傷害的重大犯罪。被告雖向遺族支付撫慰金並達成和解，但關於導致被害人死亡的結果，也必須考慮到傷害完全無法挽回的根本性限制。

——首爾高等法院第三刑事部，趙永哲部長法官
二〇一八年二審刑事第〇〇〇號

判決中提及「任何東西都無法挽回死亡這樣的損失」這樣理所當然的命題，也提到金錢不是全部。此外，上訴審判決書中所寫的量刑理由，包含了理解她經歷的痛苦，也另外提及一審判決書中沒有看到的「被告以雙手對被害人殘忍施暴長達三十多分鐘」。

在無法逃至他處的狹窄空間內，面對被告不分青紅皂白的暴力行為，被害人沒辦法做出任何抵

抗，依其傷害部位及程度來看，可知被害人是在極致的痛苦中走向生命的最後一刻。

——首爾高等法院第三刑事部，趙永哲部長法官
二〇一八年二審刑事第〇〇〇號

趙永哲法官也提及遺族的傷痛與一輩子的衝擊。透過判決書可知四十六歲的她有兩個兒子。被害人的兩個孩子皆是未成年者，只能終生活在莫大的精神打擊和痛苦中。被害人的小兒子是小學生，身為高中生的大兒子因被告之死受到極大打擊，目前正接受心理諮商等協助。

——首爾高等法院第三刑事部，趙永哲部長法官
二〇一八年二審刑事第〇〇〇號

差點以九千萬買到自由的男人回到了監獄。有人說，因為有和解金的制度，至少能多少彌補被害人的損失，但在被害人已經死亡，無法確認被害人想法的情況下，這樣的補救能被視為「理所當然的順序」嗎？以四億七千三百萬元的和解金減輕二十三年量刑，是她們期望的嗎？這樣的判決公正嗎？

專家表示，必須啟動追償權，意指國家先向受到損失的人支付賠償金，再以對非法行為有責

任者為對象要求賠償金的權利。也就是說，國家必須積極介入損失賠償，率先向受害的一方進行賠償，再由加害人償還，如此就能切斷「和解＝減刑」的連結，也意味著提高國家對於已發生的犯罪行為所應負起的責任。

社會整體的認知也需要提升，改變把親密暴力事件視為個案的認知。大眾必須知道這是社會問題，也是可能致死的嚴重事件。

有件事是肯定的，金錢無法挽回死亡。「人的生命是任何東西都無法換得的珍貴價值，而侵害生命之舉，是以任何方法都無法挽回傷害的重大犯罪。」在趙永哲法官的一席話中，蘊含了「國家的角色」為何的答案。

金錢萬能的社會不可能是正義的社會，但即便如此，也無法苦苦期盼每位法官各自發揮「淬礪的正義」。制定能徹底讓加害人付出「殺人」代價的「公正」體系，刻不容緩。

都打到快死了，還不算殺人？

用金錢買自由、減輕量刑的案件還有一個共同點，就是最後均是以施暴致死或傷害致死作結。

致死與殺人在「人死了」這點上是相同的，但根據是否「故意」而有所區別。前述的致死事件是接受了加害人表示「不知道被害人會死」，亦即接受其無故意意圖的說法。

二〇一七年四月凌晨發生的一起死亡事件，直接死因為失血過多。腸繫膜[19]出現九公分裂傷，被指認為加害人的男友則否認自己犯行。

「凌晨兩點多，被告聽到被害人走上二樓階梯的皮鞋聲而醒來。被害人腳步踉蹌地進門，跌坐在客廳地板上，內褲也沒脫就開始大小便。被告見狀就替被害人脫掉衣服，以濕毛巾替她擦拭身體

19 在人體的體壁、臟器外都有包覆一層腹膜，覆蓋在腸子的腹膜稱為「腸繫膜（mesentery）」

後，將被害人移至床上躺下。凌晨四點多，要外出工作的被告醒來時，發現被害人已沒了呼吸，於是報警。」那男人如此陳述當天的情況，說自己沒有毆打女人。但他的前科成為了「事件目擊者」。他的「過去」提高了他施暴的可能性。

男人從二〇一二年開始與女人同居，該年九月就曾因毆打女人的臉遭到調查。女人的朋友陳述，早在女人死亡幾個月前「就被（男人）用腳狠踹腰際而痛得要命，這是男人常有的壞習慣」；其他朋友也陳述，曾見過她被男人施暴後，肩膀等處的瘀青。

儘管男人自始至終否認犯案，卻被自己的「施暴前科」扯了後腿，法官因此判斷「被告對被害人慣性施暴」。

過去被告也曾多次因被害人酒醉胡言亂語而對其施暴，儘管被告看到被害人在客廳地板上便溺替她善後，但難以相信他沒有做出斥責的舉動。

——大邱地方法院第十一刑事部，孫賢燦部長法官

二〇一八年一審刑調字第〇〇〇號

就連二〇一六年四月，男人因被害人酒後胡言亂語而毆打其腿部、手臂、臉部等部位並造成傷害的事實，以及二〇一七年一月因同樣理由憤而踹其腰際、施暴等，都在這場審判中一併提及。

綜合各種證據，可知被告有對被害人的腹部拳打腳踢等毆打行為。之後，為了隱匿自身罪行，被告做出替被害人擦拭身體、更換貼身衣物等湮滅罪證之舉，接著才打一一九報案。

——大邱地方法院第十一刑事部，孫賢燦部長法官
二〇一八年一審刑調字第〇〇〇號

開庭時，法醫陳述，「若是遭受導致腸繫膜破裂程度的外傷，一般人會因過於疼痛而無法正常走路」，她想必是在極度痛苦中死去的。但法官對這個始終否認犯行並試圖隱匿的男人冠上的罪名，卻是施暴致死，是沒有殺害對方意圖的死亡事件。

法官表示，「被告不僅沒有反省自身錯誤並祈求原諒，甚至泰然自若地否認犯案，也沒有得到遺族原諒，嚴懲無法避免。」而法官口中的「嚴懲」卻是四年有期徒刑，還是合併傷害、施暴、施暴致死等罪名後的量刑。

主張「沒想到會變成這樣」的殺人代價相對來說較輕，若以懷有殺人動機的殺人罪起訴，量刑標準為十到十六年，而施暴致死的量刑標準為二至四年。「打著打著就死了。」被活活打死的她們有多痛苦？死得如此不明所以，加害人付出的代價卻實在太輕。

沒想到這樣會死人

在一百零八件親密殺人事件中，主張「沒有殺人意圖」的男人被判「致死罪」的有二十三件。扣除兩件緩刑，二十一件致死事件的平均量刑是六．六年。其中量刑相對較高的有縱火致死（二十五年有期徒刑）、特殊監禁致死（十年有期徒刑）、強姦致死（七年有期徒刑），將前述案件排除後，十八件施暴與傷害致死的平均量刑為五．四年。也就是說，男人打死女人後，他因自己犯的罪被判了五．四年。

男人毆打一百五十九公分的嬌小女子，導致她因腦出血而死亡的案件，被判了六年；男人揪住女人的頭髮，甩了幾個巴掌又朝臉揍了幾拳，使其倒地後，又連踹數次腹部，女人失去意識後被棄置了十小時，導致最後斷氣身亡的案件，也只判了五年；男性加害人運用蠻力，讓女人的整張臉鼻青臉腫、內臟撕裂傷及腦出血，檢察官和法院卻判斷他在過程中無故意或間接故意之意圖。

我們不禁要問：明明做出了極端暴力行為，他們如何能夠說出「不知道這樣會死人」？讓我們來看看把同居十年的女友打死的男人在法庭上的陳述吧。

「這十年來，我經常在被害人發酒瘋時對她施暴。（案發當時）我看被害人躺在地板上沒反應，以為她又在裝死，所以沒多想就去睡覺了。之前她被我毆打後，也曾經好幾次故意憋氣裝死，就算我叫她也不回答。」

——釜山地方法院東部分院第一刑事部，金東賢部長法官
二〇一七年刑調字第〇〇號

男人以她在酒後無法挺直身體並發酒瘋為由，用椅子朝女人的頭部砸了兩、三次，又以後腳跟狠踩女人的腹部與大腿等部位，導致頭部受傷、腸繫膜破裂出血而死。女人倒臥在客廳地板死去。看著她流著鼻血發出痛苦的呻吟，男人卻說她是在「裝」。因為即便多年來持續對女人施暴，她也沒有死，因此男人說「沒想到這樣會死人」。

在十八件傷害與施暴致死事件中，顯示出加害人慣性對同一被害人施暴的事件有六件。這些被告長期持續毆打受害女性，才會主張不知道對方會死，而他們平均付出的代價是五．四年。

經常性施暴反而成為被告主張「不知道這樣會死人」時，成為他的後盾，減輕了量刑。這是正當的嗎？難道不該成為「加重因素」嗎？這樣的提問，應該由法官、檢察官、警察提出才對。

殺人難以舉證

第二個問題是，即便把被害人打死，為什麼司法部會判斷為致死罪？在第一線現場調查案件的檢察官表示「很難替殺人舉證」，現實面有其限制。以下是某部長檢察官的看法：

「其實就算把人打得半死，大部分也不會死，可是現在人卻死了，所以才會說『沒想到這樣會

死人』，因為打人已經是家常便飯。假如被告主張：『我是一時憤怒、失去理智，無法考慮後果，我怎麼會企圖殺她？』就很難證明其意圖。偵查機關只會考慮加害人，只會聽那個人的說詞。根據接觸的人、聽到的話，感覺自然不同。畢竟在被害人死亡的案件中，只有加害人能說話，被害人又不能說話嘛。」

在一百零八件親密殺人事件中，發生於被害人與加害人獨處時的九十五件，加害人成為現場唯一「說話者」的情況，高達八成八。

「若只看到加害人接受偵查時嚇壞的樣子，絕對無法想像他試圖殺害被害人的表情。若缺乏能證明加害人蓄意殺人的確信，很難以殺人罪起訴。畢竟這並不是神的法庭，而是人類的法庭……『要是冤枉了人該怎麼辦』的恐懼感會讓人遲疑，最後只能依循『感到懷疑時，就以被告的利益為主』這樣刑事審判原則去走。」

儘管如此，這位部長檢察官依然為了給予加害人適當的懲罰，選擇了加重求刑：「要是覺得加害人就是惡意的，就算難以舉證蓄意殺人，不能以殺人罪起訴，也會加重求刑。」

而部分嚴肅看待親密殺人事件的法官，也會透過超出刑罰裁量範圍的判決，嚴懲加害人。

被告三十六年來有八次暴力犯罪前科，考慮到在被害人之前，被告亦有曾對其他同居女性施暴並進行威脅的前科，儘管多次受罰，依然沒有改正自己的暴力行為，最後造成此等重大結果。依據被害人的身體傷害程度，充分可以想像被告行徑殘忍，被害人因此受到極大痛苦。為了積極改正被告的行為，長期實刑無可避免。

綜合此案件的量刑因素，難以認定在量刑標準上的勸告刑能適切反映這點，因此跳脫勸告刑的上限範圍進行判決，判處被告九年有期徒刑。

——釜山地方法院東部分院第一刑事部，金東賢部長法官

二〇一七年一審刑調字第〇〇號

對於宣稱「以為被害人是在裝」的加害人。法官認定「殘忍的犯罪手法」為加重因素，而量刑理由包含了法官「想要嚴懲的意志」。傷害致死的基本量刑標準為三至五年，酌量加重因素時，勸告刑的範圍為四至七年，而法官跳脫了此上限範圍，判了九年。

翹翹板判決

女人分別在二〇一六年十月、二〇一七年六月、二〇一七年八月三度遭男友施暴而報警。男友被診斷有精神分裂症。二〇一七年九月，男人再度朝女人腹部揮拳，女人因此死亡，男人則以傷害致死罪遭到起訴。一審法院判男人四年有期徒刑，被告認為刑罰太重，檢察官則主張刑罰過輕而上訴。

二審法院判了七年。儘管法官判斷「被告從許久前就因精神分裂症接受治療，且在案發當時亦

處於精神耗弱狀態」，但依然做出了這樣的判決。這一量刑遠遠超過了因精神耗弱而得以減輕的勸告刑範圍（二至四年）。法官說明理由，是因為「被告急於迴避自身責任」。

即便被害人沒有提供任何動機及原因，被告仍猛擊被害人的腹部，導致年紀輕輕的被害人死亡，後果過於重大。生命一旦失去便永遠無法挽回，寶貴又嚴肅的生命，是這世界上任何東西都無法換來的，也是具有尊嚴的人類的存在根源。

——首爾高等法院春川第一刑事部，金福炯部長法官

二〇一八年二審刑事第〇〇號

對於正視親密殺人的嚴重性，並盡可能進行刑罰最嚴厲的判決，雖然感到慶幸，另一方面又無法隱藏心中的鬱悶。因為本質的問題依然存在，在不同的法庭上，仍有加害人能夠以金錢購買自由。反過來說，仍有些案件加害人多付了和解金，量刑還是增加。

即便被告有持續對被害人施暴的前科，有些法官仍沒有在量刑理由提及這點，有些法官卻會視此為加重因素，提高量刑。每場審判就像在玩判決翹翹板，這並不符合公平正義。

我們要將判決交付給個人意志到何時？我們現在面臨的，是要克服量刑偏差，以及確保制定的「體系」內多一點公正，這是本質性的問題。

我的死亡是沉默的

這些全是殺人案，共同點則是親密殺人。可是這位法官斟酌的是男人的激憤，那位法官考量的卻是女人的痛苦，不同的觀點也造成了十三年刑期的差異。

先來看斟酌男人激憤情緒的判決吧。兩人是婚外情，關係並不和睦，經常傳互相指責的怒罵訊息。這天女人也傳了咒罵男人妻子的訊息。當時正和妻子喝酒的男人驅車來到女人家門前。兩人喝酒後起了爭執。男人主張女人對要求分手的自己冷嘲熱諷，這即是讓他情緒激憤的理由。

根據判決書，男人在車內毆打了女人的臉部和頸部，抓住女人的頭髮，將頭撞上儀表板和副駕駛座的窗戶。女人想開門逃跑，但男人一把揪住女人的頭髮並爬向副駕駛座，將女人推至車外，接著勒住女人的脖子，女人因頸部壓迫窒息而死。法官進行判決時，把男人的激憤列入參考。

被告在結束與被害人的不倫關係時，被害人經常對被告的妻子口出惡言，或擅自跑到被告經營

的店等騷擾之行為。案發當天，因被害人糾纏不清且語帶嘲諷，導致被告一時難以按捺怒氣而犯下罪行，此為犯案經過的部分參考事項。

——光州高等法院第一刑事部，崔秀煥部長法官
二〇一八年二審刑事第〇〇〇號

男人給了女人的母親五千萬元和解，也在上訴審中追加視為「有利情況」，扮演了降低量刑的角色。儘管他在一審時被判十二年，但在二審時改判七年有期徒刑。

再來看看考量了女人痛苦的判決。兩人交往三個多月，男人將女人的手機藏起來，兩人因此起爭執。女人提出分手，男人不肯接受，在女人面前以刮鬍刀片割腕，威脅要自殺，硬是將要回家的女人強留至凌晨。男人將自己寫的遺書傳給女人的僱主及親友。女人感到害怕，還傳了「你這人好危險，我不會跟你見面」的訊息。

男人擅自侵入女人家，下跪要求復合。當女人說出「你再不出去我就要大叫了」時，男人摀住她的嘴，接著以另一隻手將女人勒死。

負責案件的法官表示「被告的行為是典型的約會暴力」，並說「約會暴力的被害人因此更束手無策」。法官將約會暴力本身視為特別加重因素，亦即必須格外加重刑罰的犯罪行為。

在居住地、聯繫方式、職場、家庭與人際關係、生活習慣、活動範圍等大幅曝光的前提下，

被害人因此對於被告的犯罪行為毫無招架能力。被告以愛為名，將自身的犯行正當化，且毫無罪惡感，以致最後走到殺害被害人這一步。只因曾和被告是戀人關係，年紀輕輕的被害人也沒有機會徹底抵抗，就結束了二十五年的花樣人生。

——水原地方法院第十五刑事部，金正民部長法官
二〇一八年一審刑調字第〇〇〇號

量刑理由中包含了親密暴力是「社會問題」的問題意識，法官最後判處男人二十年有期徒刑。

這不再是戀人關係內的個人問題，而是隱含諸多弊端且需嚴懲的社會問題。以抵抗能力薄弱的被害人為對象，並利用雙方信賴關係與被害人弱點的犯罪行為，不僅犯罪性質惡劣，也該受到指責。對被告宣判與沉重責任相應之長期實刑將無可避免。

——水原地方法院第十五刑事部，金正民部長法官
二〇一八年一審刑調字第〇〇〇號

均為絞殺事件，卻有十三年的量刑差異。不考慮被害人痛苦的判決，能稱為完整的審判嗎？

消失的正義

還有兩個事件，分別是傷害致死和殺人，共同點是量刑均為八年。傷害致死事件始於同居的女人要分手，男人憤而亂丟家中物品，接著毆打女人至整張臉都瘀青，甚至男人揮拳的手都紅腫了。

犯罪現場四處可發現被害人的血跡，根據被告對被害人施暴時使用的電鍋及咖啡壺等物品的毀損狀態、被害人的狀態等，可看出被害人遭受極大痛苦與恐懼的折磨。

——仁川地方法院富川分院第一刑事部，李言學部長法官

二〇一七年一審刑調字第〇〇〇號

法官看到了「女人的恐懼」。傷害致死的基本勸告量刑為三至五年，有減刑因素者為二至四年，有加重因素者為四至八年。此事件中有減刑因素，就是加害人犯案後報警自首，但法官表示

「跳脫量刑標準，在處斷刑[20]範圍內決定刑罰」，判了八年。這是將被告殘忍的犯罪手法視為加重因素所致。

而在另一個案件中，法官的量刑理由詳細記載了曾任職於藥廠的上進青年所受到的心理創傷。

即便家境貧困，被告依然靠打工精進學業，在大學取得優秀成績，甚至拿到獎學金。大學畢業後進入藥廠工作，直到與被害人同居前都過著勤奮的職場生活。（略）被害人與被告交往後仍與多名男性往來並反覆說謊，但被告仍真心愛著被害人並給予信任。（略）

被害人持續說謊與外宿，完全不顧慮被告心情，甚至忽視，使被告內心受到傷害，對被害人的憤怒亦達到難以控制的地步。案發當日，被告在聽到被害人的話後情緒激憤、失去理智，於是殺害了被害人。被告持刀刺殺被害人後，立即打電話給一一二坦承自身罪行。（略）被告家人向被害人遺族支付了九千萬元並達成和解，目前遺族原諒了被告，也向法院請願從輕發落。

——大邱地方法院金泉分院，金政泰部長法官

20 當個案出現法律另外規定的加重或減輕事由時。法官需要判斷犯罪行為人是不是符合法定加重或減輕的事由，再依據這些事由調整法定刑的範圍，就會形成一個新的範圍，稱為「處斷刑」。

二〇一八年一審刑調字第〇〇〇號

然而這位「勤奮上進的青年」的殺人行為卻是預謀的。案發前日，他用手機搜尋了「菜刀殺人」、「殺害同居女」、「用刀子殺人的方法」等關鍵詞，並在同一天購買了二十．五公分的刀子和手套。他以那把刀子朝女人的脖子、胸部、腹部、大腿等刺了超過二十四次。法院最後判處八年有期徒刑。在這場判決中可明顯看出「被害人誘發犯罪論」的痕跡。

判斷量刑時，明顯看出採納被害人引誘犯罪的論點，像是「見了其他男人」、「突然說要分手」等加害人主張的犯罪動機，成為減刑事由。而加害人來自信賴關係，即便發生暴力行為與傷害重大，都未被納入加重要素。

——孫文淑、趙載妍、《約會暴力被害當事人支援政策，是否該維持現狀》

韓國女性熱線討論會（二〇一六）

量刑委員會制定的暴力犯罪特別量刑認知有五個減刑因素，其中之一為「被害人對犯案的發生及傷害的擴大須負起相當責任之情況」。專家批評，當此標準套用於約會暴力或殺人事件時，卻可能帶來讓被告得以減刑的風險。

在量刑因素的實際應用上，戀人關係中發生的約會暴力有別於陌生人發生的暴力，約會暴力是在持續的關係中發生暴力，其中強烈蘊含了「被害人提供暴力肇因」的被害人誘發暴力論。只要不擺脫這種認知，「犯罪動機是由被害人引起」就可能成為被告的減刑事由。

——鄭恩英，《關於約會暴力的相關法律支援》
韓國女性熱線專欄（二〇一五）

在我們實際分析的判決書中，許多案件都將那種可能風險原封不動地呈現出來。在被害人已經死亡的法庭上，被告的情緒激憤獲得了諒解與減刑，逍遙度過餘生。這並不是公平正義。把犯罪原因和責任歸咎於被害女性，「被害人誘發犯罪論」依然到處蔓延，此時此刻仍有女人死去，這是所有人的怠忽職守造成的。

訪談 國家必須介入這場命案

現任部長法官／匿名[21]

把判決書中一百零八名女性的故事公諸於世是件大工程，我們找出判決書後進行分析，仔細審視了一遍又一遍，擷取出數字背後的意義、請教專家，研究並設計出「親密殺人」這個名稱。而將此視覺化後、以數位方式呈現的工程也困難重重。經過九個多月的準備，二〇二〇年十一月，我們開始在OhMyNews上連載〈親密殺人〉系列報導。

替約會暴力給予適當「命名」之舉帶來了迴響。隨著二〇二〇年十一月，釜山德川站地下街某男性對女友施暴的監視器畫面在社群網站上流傳開，成為全國注目焦點。網民將此事件稱為「親密暴力」甚至是「親密殺人未遂事件」。

這也加深了我們的煩惱。將一百零八這個數字公諸於世後，我們也必須為她們的死負起部分責任，因為在撰寫報導時無法徵詢她們的意見。如果不是單純將她們的死視為娛樂話題，就免不了必須思考，該怎麼做才能減少這種悲劇，並在事前察覺危險、確保女性的安全。如果希望加害人得到應有的處罰，要先改變的又是什麼？

要改變的不只一、兩項，但我們主要將焦點放在量刑差距上。將交往的女性打死後依然能緩刑釋放，這不是正義。

在「制度」內，我們認為還是能夠減少這種差距。因此我們向現任的部長法官，針對「親密殺人判決中獲得緩刑的案件」及「宛如翹翹板的量刑差距」提出徵詢。不久後，該位部長法官傳了一篇很長的答覆給我們。

—在一百零八個案例中，有兩件獲得緩刑。一是情侶因小事起口角，最後被告將雨傘丟向女友，導致對方死亡的案件，一審以傷害致死罪判了四年，二審則是支付了兩億和解金後改判三年有期徒刑、四年緩刑；另一個案件則是被告懷疑女友向其他男人示好而殺害女友，一審判六年，二審支付了一億五千萬元和解金，改判三年有期徒刑、五年緩刑。都殺了人了，為何還能獲得緩刑？

21 由於內容提及對審判相關的批評，因此匿名處理。

兩位似乎很難諒解，明明有人死亡，為什麼還能緩刑。但非故意殺人的過失犯，判緩刑不在少數。傷害致死屬於故意與過失的結合犯，儘管傷害人的行為屬於故意，致死的結果卻非有意。

若是向被害方給予相當的補償損失，賠罪請求原諒，獲得緩刑的情況是比較多的。理由在於法院將被告看成殺害的過失犯而非故意犯，認定其犯罪行為是突發事件所致。

要是檢察官一開始就以殺人罪起訴，實際量刑時就可能較難獲得緩刑。不過在此情況下可能被認定為傷害致死，至於殺人的部分則是無罪，因為殺人是屬於故意犯，必須證明其有故意殺人之意圖，這並不容易，所以檢察官也會以傷害致死罪起訴。

補充說明，究竟是故意或過失是相當模糊的概念，因為這是探討人的想法的主觀構成要件。有個概念叫作「間接故意」，指對行為的結果沒有積極的意圖，但能事先預見並容許其結果發生的情況。舉例來說，在大樓上扔石頭時，如果心想「希望不會砸到路過的某個人」就屬於過失，要是心想「要是有人被砸到也沒辦法」，就會看作間接故意。

在傷害致死犯罪中，若是施暴程度嚴重或使用兇器者，可以間接故意殺人罪起訴，但未達其程度者，大致都會以傷害致死罪起訴。在兩位舉的案例中，似乎是因為難以看作間接故意，才只以傷害致死罪起訴。

當然，當暴力成為某人死亡的原因時，一定會對這種量刑是否恰當提出疑問。所以在達成和解與否之外，仍會依據法院而判實刑。我自己就有過在被告以傷害致死罪被起訴，但雙方達成和解，遺族也要求從輕發落的情況下宣判實刑的經驗。

—檢視判決書後，不禁產生了這樣的問題意識——是否會根據法官的性別敏感度不同，導致量刑出現差異？

儘管大部分殺人案件也是如此，但親密殺人事件多半沒有目擊者。根據調查，一百零八件中有九十五件是發生於加害人與被害人獨處的情況，因此，如何解讀加害人的「激憤」情緒，在量刑中似乎成了很重要的一環。假如法官的性別敏感度導致量刑出現差異，這勢必要做出改變吧。

再舉兩個「極端」案例好了。男人毆打女人的臉部與全身數次，接著朝女人扔擲咖啡壺與電扇等導致對方死亡。法院以傷害致死罪判了八年。法官指出「被害人處於極度的痛苦與恐懼中」，並表示會「跳脫量刑標準判刑」，令人印象深刻。

另一個是男人朝女人刺了超過二十四刀，法官表示男性「進入藥廠後工作勤奮，而被害人和其他男人往來並說謊，甚至展現出無視被告的態度」，將男人「激憤」的理由導向有利的情況。這個案件也同樣判了八年。該如何看待這樣的差異呢？

就跟性別敏感度一樣，根據法官對犯罪本身、被害人與社會意義的共鳴程度，量刑出現差異是理所當然的。這種偏差必須控制在可接受的範圍內，但實際上很常沒能如此。量刑偏差是長期爭論的議題，隨著量刑標準制度的實施，偏差相較於過往已經縮減許多，但量刑標準提出的量刑幅度非常廣，而且不具有絕對強制力，因此依然有不少偏差的情況。

就拿法庭的情況來說好了，案件分配給哪個法庭，對被告來說至關重要。很多法院只有一個刑事調解庭，刑事獨任制[22]法庭比較多。現在甚至還出現所謂的「法庭購物」，根據案件情況四處尋找可以減輕量刑的法庭。

在國民參與審判初期，曾設立專門負責參與裁判的專案組，當時就發生過若是分配到判重刑的法庭，就會先申請國民參與審判，等換成減輕量刑的法庭，再撤回申請。專案組就是基於這樣的緣由才會廢除。此外，最近通常不會分配給有裙帶關係的法庭[23]，萬一不想被分配給該法庭，有些人甚至會故意委任有親屬或利害關係的律師，以避開該法庭。

我個人認為，像韓國一樣由血緣、地緣、學緣[24]緊密交織的社會，過度注重不分配給有裙帶關係的法庭制度並不恰當，應該是法官要能依據自己的良心，避免做出遭人誤解的判斷。核心在於法官該把更多心思放在量刑上，避免造成難以令人信服的偏差。而且在過程中，必須審慎思考犯罪行為的嚴重性、犯罪的社會意義、被害人的痛苦和賠償。

我們再次整理了分析一百零八篇判決書時產生的問題意識。親密殺人的被害人在案發過程中處於脆弱的狀態，因此我們認為，若是能將親密暴力被害人納入量刑標準中的「無反抗能力的被害人」，也許就能減少法官的量刑偏差。

此外，若是法官認知在親密殺人發生前，被告就有對同一被害人施加暴力，或有不願處罰（被害人不希望處罰加害人）的事實，能對被告加重處罰，亦能帶來強化被告處罰的效果。

最後，我們歸納出一個結論，即是量刑標準需要修訂。我們將整理好的資料提交給量刑委員會，建議親密暴力、親密殺人應制定新的量刑標準，同時也詢問他們是否有探討此意見的意願。

幾天後，我們收到了回覆：「量刑委員會為十三名量刑委員組成之議決機關，量刑標準的設定與修正為量刑委員會的議決事項。貴機關提出的意見預定向量刑委員會報告，但是否接受貴機關的意見並修正量刑標準，將於量刑委員會的會議上決定。」

22 審判法院由一個法官單獨組成。
23 指法官和律師等審判當事人間有裙帶關係。
24 「地緣」意指同鄉；「學緣」指畢業於同一個學校。

量刑委員會一年舉行八次會議。收到他們計畫正式報告的答覆很令人振奮。相關人士表示「這是相當令人有共鳴的意見」，但也說「會在開會時報告，但是否進行相關討論，則交由委員判斷」。我們再次將意見提供給先前接受訪談的部長法官，想知道我們提出的建議是否實際，以及有沒有需要更進一步斟酌的問題。

過了許久我們才收到回覆，部長法官似乎做了很深沉的思考。他很老實地回答了哪些部分樂觀，哪些部分則是「現實面執行的可能性很低」，最重要的是我們可以感覺到，他也同樣憤怒。

—具體來說，根據現行殺人與暴力量刑標準的「量刑因素」定義，被害人因受到身體、精神障礙或年齡等因素影響而無反抗能力，且被告事前已知或可知的情況，被害人便定義為無反抗能力。我們認為，親密關係或夫妻關係中的被害人同樣符合此定義。

當交往男性知道自己住哪、在哪工作、和誰關係親密等，被害人要擺脫對方相當困難。一百零八個案件中有七十六件（約七成）發生於被害人的住家、住家附近或車內。如此多女性在自己深信最安全的地方遭到殺害，顯示她們對對方的犯罪行為毫無招架能力，因此我們認為，親密關係或夫妻關係內的被害人也應該納入「面對犯罪行為無反抗能力的被害人」。

殺人罪的相關量刑標準，根據動機分成五種（參酌、普通、指責、結合重大犯罪、極度藐視生命），同時再依各動機分成減刑、基本、加重來裁定刑種和量刑。也會根據行為與行為人，裁定各特別量刑因素與一般量刑因素，將其視為減刑或加重因素。如兩位所說，「無反抗能力的被害人」的定義為「犯案當時，被害人因身體、精神障礙或年齡等因素影響而無反抗能力，且被告事前已知或知情的情況」。

第二類的普通動機殺人有：

①因怨恨而起的殺人（對交往對象變心或要求結束關係懷恨在心、認為遭被害人蔑視而懷恨在心、起口角或肢體衝突等，最後因情緒激憤而殺人）。

②因家庭不和而起的殺人（疑妻症或疑夫症、長期累積對配偶的不滿）。

③因債權債務關係而心生不滿。

④其他。

大部分親密殺人均屬第二類普通動機殺人。根據基本量刑標準，很難將親密殺人被害人視為無反抗能力。因此兩位的主旨應該是放在要求擴大特別量刑因素的加重要素，也就是擴大「無反抗能力的被害人」概念，使法院在處理親密暴力和親密殺人案件時能給予嚴懲。

個人的交往、家人或朋友關係，會因為暴露資訊、容易接近的特性，更易於暴露於暴力的狀態。此外，基於外界看待私人關係的習慣，容易有公權力無法輕易觸及的部分。這個狀態本身成了遮掩暴力的面紗，導致公權力失去效力。親密殺人的被害人無反抗能力這點無庸置疑，然而只基於這樣的理由，將「無反抗能力的被害人」納入量刑標準的特別加重因素，多少會令人質疑。

首先就邏輯來看，量刑標準體系是有問題的。大部分殺人罪均屬第二類的普通動機殺人，也就是說，殺人罪大部分發生於親密關係、家人或朋友之間。可是，假如將此納入特別量刑因素的加重因素，基本類型與加重類型的區分就會失去意義。

第二則是涉及量刑標準整體的問題。無反抗能力的被害人這個量刑因素並不只侷限於殺人罪，其他犯罪行為的量刑標準也需要全面調整，否則就必須說明，何以唯有殺人罪需要另外界定「無反抗能力的被害人」，目前對此仍缺乏合理的論據。拿性犯罪來舉例，多數性犯罪為認識的人所為，以陌生女性為目標的案例為少數，因此無法將交往關係視為特別加重因素。

第三，萬一是女性將親密關係中的男性殺害，就不需要視為特別加重因素。只因被害人幾乎是女性，就將相同的量刑因素（交往狀態）視為加重因素，這樣的結論有點奇怪。當然，要為女性被害人提供比現在更強大的保護，使其遠離親密殺人或暴力的目標是沒錯。但為了保護女性，就將女性界定為比男性更居於劣勢的弱者是否恰當，也讓人產生疑問。

幼童或身障人士的自我防衛能力明顯低落，可視為需要特別保護。但若把目的放在為了保護女性，避免其成為被害人，也要給予被告嚴懲，會導致量刑標準的概念混淆，像是將被害人區分性別化，是無法說服人的。

因此，將親密關係與無反抗能力的被害人特徵綁在一起並不恰當，也不切實際。依我的看法，殺人類型的「分類」才是問題的關鍵。

第二類的普通動機殺人，與第三類的指責動機殺人（報復殺人、金錢／不倫／組織利益為目的之殺人、其他犯罪行為與防止犯罪事跡敗露為目的之殺人、隨機殺人、其他）之間，扣除隨機殺人，能看出有明確的區分嗎？依我所見，根據具體事件，第二類可能更糟。

因此我認為，要不就是將第二類的親密殺人類型分得更清楚，並納入第三類，不然就是將目前的第二類和第三類合併，以現有第三類的量刑給予處罰，可能更適當。而我更傾向於將第二類和第三類合併。

綜合我的見解如下：我們該做的，不是將不幸且柔弱的女性視為無反抗能力的弱者，追求在相同分類內特別加重處罰，而是從一開始就不該將親密殺人與金錢關係、口角、肢體衝突等殺人類型綁在一起，應該根據案件不同，歸類為重大類型。

之所以這麼認為，是因為這是一種利用信賴關係的犯罪，在交往關係中會持續經歷極端的痛苦，且對被害人或被害人家屬造成莫大痛苦。或者也可以維持目前分類，但將「利用親密關係與信賴關係、持續行使暴力」額外納入加重因素。

—親密殺人發生前，加害人對同一被害人進行威脅、施暴、監禁、殺人未遂等前科的情況不在少數。在一百零八篇判決書中，有長期施暴事實者有二十二件（百分之二十・四）。我們認為這反映出親密暴力的關係特殊性，因此，過去對交往對象有犯罪行為者，應將此註明為加重要素。

此外，一百零八名被害人中，表明不願加害人受到處罰，之後卻因同一加害人而死亡的人有六名之多。既然不願處罰是在審判過程中得以確認的客觀事實，若是過去同一被害人曾表明不願加害人受罰，也應視為加重因素，反映在判決上。

現行殺人罪僅將特定重大犯罪（累犯）的前科視為特別加重因素，異種累犯或同種前科則視為一般量刑因子。在其他犯罪中，大部分同種累犯都屬特別加重因素，殺人罪卻不是這樣。

兩位的建議指的是對同一被害人有再犯事實者必須加重處罰。對同一被害人有再犯事實者，可能屬於現行量刑標準中的特定重大犯罪（累犯），但也可能不是，所以將此另外視為加重因素是有意義的。這樣的構想很好，只不過同樣會產生「為什麼只有（親密）殺人罪才如此界定」的疑問，甚至在界定量刑標準時會碰到技術問題。

—量刑委員會在制定數位性犯罪量刑標準時，將兒童・青少年表示「不願處罰」降為一般減刑因子。站在對犯罪行為毫無反抗能力的被害人立場上，自然會擔心加害人心生報復。因經濟共享而

不得不選擇不願處罰的情況也不在少數。我們認為必須反映出這種關係的特殊性，把被害人表示不願處罰降為一般減刑因子，並減少加害人得以減刑的情況。

若只談親密「殺人」，與當事人本人的和解不可能存在，因為和解是與遺族進行的。如果擴大到親密「暴力」的範圍，被害人本人也可能表示不願處罰，這很難拿來與數位性犯罪被害人的兒童、青少年相提並論。性犯罪中的兒童、青少年被害人大部分是未成年者，身為監護人的父母多半都有問題，且被害人較易受監護人影響，才降低了和解的價值，盡可能避免法官做出減刑判決，給予加害人嚴懲。

就親密殺人或親密暴力來說，畢竟是成人，所以會視為具有更多自由意志。只不過在親密暴力的情況下，假如兩人持續同居，和解的意思就很可能會遭到扭曲。我在想，是否不應將和解的價值一概降為一般減刑因子，而是該由法官具體考慮和解的真正意向、實質賠償、真誠的反省及謝罪、再犯的可能性等，再來判斷不願處罰的價值。

關於親密殺人，如果抱持盡可能保護被害人及必須嚴懲被告的問題意識，無論如何似乎都必須提高法律或量刑標準，並以白紙黑字反映之。只不過這個方向是否必然與被害人或遺族想要的方向一致，是現場實務上最傷腦筋的問題。

如果降低和解的量刑價值，金錢補償很可能化為泡影。被害人多半是經濟困窘之人，不少被告也是。假如期待「和解就能減刑」，就會想盡辦法把錢生出來去和解，但如果就算和解也會判重刑，就會放棄和解了吧。

重大犯罪事件的被害人在國家無法提供相當補償的情況下，怎麼做最好，是很棘手的問題。儘管嚴懲加害人追求正義很重要，探討什麼才是真正為被害人著想亦不容疏忽，因此國家應時時討論保護重大犯罪事件被害人的政策。從某種角度來看，無法防止重大犯罪發生的國家也應負起部分責任，國家不僅應對個人定罪，賠償的義務也應該交給個人負責。

—最少十天就有一名女性因交往對象而死，這就是目前的現實。所以我們才一直呼籲，應盡早將這些反映於殺人事件量刑標準。

我同意。我認為目前親密殺人、親密暴力相關的量刑標準有必要修訂，只是親密殺人、親密暴力不像數位性犯罪是全新領域，從量刑標準解決會有所限制。先前說過，從量刑標準大幅提高刑罰有難度，乾脆立法解決較為妥當，但這似乎也同樣有侷限性。問題就在於親密殺人、親密暴力是否能與其他類型的殺人或暴力徹底區分。意即，立法要將焦點放在事前防止上，因為要特別將此類型犯罪挑出來並大幅提高刑罰很困難。

我認為法官的性別敏感度、暴力感受性、親密關係犯罪感受性、量刑感覺才是最大問題。在親密殺人判決中，描述被告有利的情況確實難以接受。被害人的不道德行為，不該成為對被告有利的情況，難道被害人品行不佳就該死嗎？這不過是犯罪的強大動機罷了。這是典型的對加害人情感移入的判決。

像這種以男性為中心、從父權觀點作出的判決不勝枚舉。等於是在怪罪被害人並替加害人減刑。不只性犯罪，其他與女性相關的犯罪中，經常對被害人抱持刻板印象。加害人只是平凡的上班族、學生、人際關係良好的男性，卻因為跟奇怪的女性交往，才會不幸地犯下殺人罪，這樣的敘事實在太多了。

犯罪動機和量刑不能混為一談。無論是殺害女性或男性，殺的是好人還是壞人，只要殺人，就該同樣受到譴責。不能因為被害人的倫理道德，導致刑罰上出現差異。

親密殺人中經常被列為有利量刑因素的「突發犯罪」也需要討論。有縝密殺人計畫者並不常見，大多是突發的。計畫殺人應列為加重因素，但突發殺人不該成為減刑因素。親密殺人事件的突發性與一般殺人不同。突發殺人指的是像同事喝了酒，暴怒下突然持刀刺殺他人。親密殺人卻是經過長期暴力、威脅與衝突的累積，最後才瞬間爆發的犯罪行為，根本不是單純的突發犯罪。也就是說，無論是否事先有準備犯罪工具，還是真的一時激憤，都不太會是事前縝密計畫的，要針對親密殺人議題談論突發性，是很可笑的。

身為非司法人員、法庭非正式參觀者的我們，追查親密殺人議題一年來，領悟到自己具備的問題意識固然生疏，卻走在對的方向。如今該有所改變了。應該縮小不同法官間的量刑差距。即便只有半步，也該朝公正邁進。

我們必須讓想要分手的女人能毫無畏懼地分手。我們該做的不是撲在她們的棺木上哭喊著「本來可以救她們的」，而是該真正去拯救她們。在她們送命前，無論如何都要保護她們。國家應該插手介入。

Chapter 4

現在仍有女人正面臨死亡

從「德盧斯模式」看見希望曙光

希望，指的是實現或去做某件事。我們產生了希望。隨著判決書上的痕跡越來越多，我們希望稍微減少親密殺人事件的念頭也逐日擴大。想必任何人都會如此，看到有人受苦，就會產生出手相助的想法。在多達一千三百六十二頁的判決書中，寫滿了多名被害女性的痛苦。要怎麼做，才能減少這樣的死亡事件發生？

答案其實顯而易見。親密殺人的被害女性無論是居住地、聯繫方式、工作地點、人際關係、生活習慣、活動半徑等資訊，都暴露在加害人面前，只能處於無力反抗的狀態。因此，答案正在於必須給予這些女性足夠強大的保護，好讓她們能遠離變成「怪物」的加害人。我們會關注「德盧斯模式（Duluth Model）」，正是基於這樣的原因。

美國明尼蘇達州的德盧斯，允許警察出於義務逮捕家庭暴力加害人。在這裡，不會發生以被害人不願加害人處罰為由，導致警察或檢察官中斷偵查或法院釋放加害人的情況，而且他們不單純只是將被害人與加害人隔開，更會站在被害人的立場提供需要的支援。親密暴力或跟蹤犯罪也一樣。

家庭暴力介入計畫

這個模式於一九八〇年時建立。當時遭到家暴的被害人幾乎無法獲得警察協助，因為若警察沒有親眼看到施暴現場，或判斷被害人受到的傷害並不嚴重時，加害人就不會被逮捕。不禁讓人聯想到警察廳女性安全企劃官趙珠恩所說的：「女人必須先挨揍，警察才能保護她。」改變這種情況的是兩位女權運動家。

當時在美國，一般刑事案件採義務逮捕制，指的是就算警察沒有親眼目睹犯罪現場，只要有足以相信發生犯罪事實的理由，就能執行逮捕。雪莉・奧伯格（Shirley Oberg）和艾倫・彭斯（Ellen Pence）判斷此制度也能應用於家庭暴力。為了客觀證明這個想法，她們策劃了為期六個月的研究實驗「家庭暴力介入計畫（DAIP，Domestic Abuse Intervention Project）」。

她們見了家暴被害人與加害人，以及警察、保護觀察官、法院相關人士等，收集他們的見解。兩年後，計畫參與者提出「家暴義務逮捕制」，警察和法院也接納了此制度，最後打造出今日的「德盧斯模式」。

如今在德盧斯，對被害人行使暴力的加害人會被拘留七十二小時。若加害人說出會令被害人恐懼的言語或行使精神暴力時，也同樣會被拘留。那個曾說「妳敢報警試試看，我會殺了妳」的男人；那個曾威脅「只要看到妳，我就會來真的」的男人；那些傳訊息說「我會徹底毀了妳」的男人，假如他們人在德盧斯，就會立即被逮捕。而那些破壞門鎖或拆掉防盜窗闖入，卻只在警察局調查一下就被釋放的男人也一樣。假如那些被殺害的女人在德盧斯，現在肯定都還活著。這也顯示出，何以加害人與被害人需要徹底隔開。

義務逮捕與危險性評價

「德盧斯模式」給予被害女性的強大保護並不只有「義務逮捕」，也會對加害人進行強力偵查。首先是確認過去是否有對被害人施暴之事實，以及被害人是否曾檢舉加害人的暴力行為，加害人的飲酒相關紀錄也會納入調查。即便警察無法親眼目睹被害情況，仍能利用通訊軟體或手機，若發現加害人有威脅被害人的前例，就會採納為證據。也會調查過去加害人是否針對同一被害人進行身體、語言或精神上的暴力。

「義務逮捕」並不只有偵查已發生的該事件就結案，而是針對前後關係進行整體調查，掌握該事件對被害人造成何種程度的危險。這即是德盧斯警察實施的「危險性評價」。危險性評價紀錄會提交給地方檢察官和法院，代表檢察官和法官不會僅就「單一事件」，而是就事件發生前的整體脈絡作為法律判斷依據。

所以在德盧斯，加害人禁止接近被害人的命令與我國是採取截然不同的型態。倘若是親密暴力，我國的警察或檢察官沒有能向加害人下達禁止接近命令的法律依據，被害人只能選擇透過民事訴訟申請禁止接近暫時處分，並等待法院的判斷。德盧斯的檢察官會向法官要求下達禁止接近命令，而不是被害人個人申請。假如不希望法官下達禁止接近命令，則必須由被害人親自向法官申請。等於是明確地表示，保護被害人是以公共決策為優先，這也與把保護被害人交給個人決定的我國形成天壤之別。

德盧斯模式提供的被害人支援也很全面。除了警察、偵查官、律師等事件相關人士，為被害人提供庇護所的安全天堂（Safe Heaven）會介入與加害人溝通的過程，在收集證據或法院審議過程時成為法律上的助力，還會提供居住、教育、僱傭、育兒等相關支援，替被害人介紹能以低廉價格居住的地方，協助確認是否有被害人不知道的公共福利。倘若被害人有意求學進修，也會幫忙打聽獎學金；若有意求職，則會出借面試要穿的服裝。在安全天堂這個庇護所，還設有美容院、健康諮商室和心理諮商室。協助被害人獨立，其中蘊含了為被害人提供強大保護的哲學。

德盧斯這樣為被害人提供強大後盾，帶來了大幅降低加害人再犯率的結果。據說在十名加害人中，有七名超過八年都沒有再出現家暴行為。假如加害人不想吃牢飯，就必須改變。若加害人為初犯，根據起訴與否的最終決定可推遲一年，但有附加條件，加害人必須接受法院指定的再教育，且保護觀察官對加害人的評價必須是正面的。

在韓國，被害人很難找到脫逃的出口，但在美國德盧斯，則是加害人很難找到脫逃的出口。符合常識的世界，不就該如此？

強大的被害人保護

當然，世界時好時壞。這問題尤其與國家權力的變化密切相關。想必德盧斯也不例外。根據地區權力的變化，「義務逮捕」或「危險性評價」等制度隨時都可能走回頭路或徹底消失。可是德盧斯為女性提供的強大保護體系卻能夠持續超過四十年。

為了觀摩德盧斯模式，警察廳女性安全企劃官趙珠恩曾親自參訪，其感想中就提供了答案。

> 韓國的警察調查文件中只能知道被害人的情況，德盧斯的系統卻讓民間團體與偵查、司法系統相關人士一同調查並分析家暴危險性。這些資料會提供給檢察官、保護觀察官、法院，成為保護被害人的重要判斷根據，他們認為，將被害人的經驗和脈絡放入警察調查文件至關重要。約會暴力（親密暴力）或跟蹤也都採用相同系統。
>
> ——趙珠恩，〈美國「德盧斯模式」現場研究報告書〉
>
> 韓國女性熱線（二〇一七）

在一併分析警察偵查紀錄並提供結果的系統中，其核心為家庭暴力介入計畫團體DAIP。這個團體繼承了四十年前雪莉・奧伯格和艾倫・彭斯初次打造的計畫。

韓國女性熱線的〈美國「德盧斯模式」現場研究報告書〉提到，DAIP會每天彙整並分析德盧斯警察的「危險性評價」紀錄，把分析結果提供給被害人支援團體、庇護所、檢察官和保護觀察官。藉此也可監督警察是否依照約定，為被害人提供強大保護。也可從制度上反映事件現場的各種情境，持續「更新」系統。

德盧斯的被害人保護模式就是如此強大。以七十二小時「義務逮捕」將加害人與被害人確實隔開，並透過「危險性評價」掌握事件脈絡，使被害人的聲音能確實反映在起訴與審判過程中。為被害人提供的支援，是將焦點放在「生活」上，而且力求全面，同時透過DAIP對所有過程的介入來維持並更新系統。他們並未將加害人偵查與被害人保護全權交給警察，為的就是為被害人提供更強大的後盾。

> 在危機狀況中，很容易把被害人的安全相關責任與負擔轉嫁於個人，必須轉移至地區社會與政府。從初期迄今，這樣的問題意識都能在德盧斯模式中觀察到，這即是它的哲學基礎與原則。德盧斯模式是一種將被害人安全的相關責任，從被害人個人移至地區與政府的承諾。
>
> ——申尚淑，〈美國「德盧斯模式」現場研究報告書〉
>
> 韓國女性熱線（二〇一七）

在我國，「將被害人安全的相關責任從被害人個人移至地區與政府的承諾」也已然存在。女性暴力防止基本法第四條，讓我們看見了希望的曙光。

向一百一十三個地方政府提問

「女性暴力」指的是對女性行使的暴力，亦是侵害身體、精神安寧與安全等權利的行為。根據相關法律的定義，意指家庭暴力、性暴力、性買賣、性騷擾、持續性的折磨行為、其他親密關係內之暴力、透過資訊通訊網行使的暴力等。現行女性暴力防止基本法是如此定義「女性暴力」。除此之外，「親密關係內之暴力」的用語也等於明確地將親密暴力納入女性暴力防止基本法的適用對象。

其中第四條明定了國家與地方自治團體的職責：為了防止女性暴力、保護與支援被害人等，國家與地方自治團體必須樹立並實施必要之綜合性政策。亦須在法律、制度上有所作為，提撥必要之預算。

這與德盧斯承諾「將被害人安全的相關責任從被害人個人移至地區社會與政府」是相同的。女性暴力防止基本法就像這樣，為了防止親密暴力並為被害人提供強大保護，明確提供了地方自治團體積極介入的法律根據。此外，在我國各區域也像德盧斯模式一樣，已有足以構成網絡組織的人力資源。在地區，女性緊急電話一三六六、向日葵中心等民間被害人支援團體就相當活躍。

二〇二一年二月，我們針對親密暴力高危險群建立集中式管理系統，提出了意見書：

我們是OhmyNews獨立編輯部，曾於二〇二〇年刊登系列報導〈親密殺人〉，內容為從二〇一六到二〇一八年，最少有一百零八名因交往對象的暴力而死亡，並在案件分析過程中形成了問題意識。我們認為，必須改變每十天就有一人面臨此等悲劇性死亡的現實。（略）根據總共一千三百六十二頁的判決書，得知這些被害人在報警後三個月內遭到殺害的為十二名，而且針對同一被害人犯罪而遭刑事立案者有十九件之多。這顯示出應該保護國民生命的公權力已明確認知到這樣的「殺人前兆」。

女性暴力防止基本法第四條第一項明示，為了防止女性暴力、為被害人提供保護與支援等，國家與地方自治團體必須樹立並實施必要之綜合性政策。我們以此為根據，認為地方自治團體必須建構全面性系統，以保護、支援受交往對象的威脅、暴力、監禁等危險的女性。（以下省略）

我們詢問是否能參考德盧斯模式，組成因應親密暴力的社區安全網，再由被害人支援團體主導及管理。我們將公文正式發送給十七個廣域地方自治團體，以及被指定為女性友善城市的九十六個地方自治團體。

「很棒的意見」「我們會討論看看」「有長期討論的意願」給予答覆的四十一個地方自治團體大多對我們的意見深有同感，卻無人展現出要積極掌握明顯可看出「殺人前兆」的事件、並做出對應的意志或計畫。

地方自治團體強調目前已經啟動保護並支援被害女性的安全網，最常舉的例子就是女性緊急電話一三六六。他們不是說「一三六六為了介入面臨緊急狀況的被害人所受的危機並給予緊急救援，與十一個機關建構起網絡」，不然就是說「為了因應各種形式的女性暴力與支援被害人，經營了一三六六等緊急支援中心、諮商所與保護設施，對約會暴力也積極給予支援」。

目前一三六六設置於全國十六個市／道，受理的個案是透過該地區諮商所等聯繫，並在必要時提供保護設施。儘管扮演了如此重要的角色，其限制卻顯而易見。忠清南道女性政策開發院研究員李景夏以五百人為對象進行的問卷調查，以及透過現場機關實務人員的訪談所發表的研究報告書〈二〇一九年忠南約會暴力現況暨對應方案〉就寫得很清楚。

> **儘管目前會為約會暴力被害人提供三十日食宿緊急保護措施，但緊急避難處與保護設施的條件與環境並未考慮到被害人的處境，大部分都只待一至兩日就離開，或選擇遷移住處。**
>
> **——李景夏，〈二〇一九年忠南約會暴力現況暨對應方案〉**

二〇二〇年八月，京畿道發生的親密殺人未遂事件被害人就是其中一例。儘管警察勸告，案發後該名被害人依然沒有求助保護設施，因為被害人的住家就是工作場所，若去保護設施就會面臨生計中斷的窘境。倘若該名女性是住在德盧斯，想必情況將大有不同。德盧斯模式的關鍵在於能讓女性安全地待在原本住所，警方會逮捕加害男性，使其無法靠近。相反的，我國警察卻無法先發制人做出對應，在此結構下，保護設施的營運自然會有所限制。

即便是現場機關的輔導員，也表明無法準確掌握「約會暴力」的情況。此外，由於缺乏支援約會暴力被害人的明確法律根據與支援體系，只能任意納入性暴力與家庭暴力被害人支援範圍。輔導員提出了現實所面臨的問題，並指責約會暴力被害人支援指南的許多部分與實際情況不符，同時透露，指南只聚焦於被害人受到嚴重外傷的情況，對於未受性暴力或身體暴力，但仍無法去上班、上學或生活碰到困難的多數約會暴力被害人來說並不適用。

——李景夏，〈二〇一九年忠南約會暴力現況暨對應方案〉

這份報告書的結論是，「作為廣域據點，有必要優先重新整頓一三六六扮演之角色，強化與機關間的聯繫功能。」因為目前的一三六六網絡無法為親密暴力的被害人提供強大保護。

為預防、防止女性暴力及推動被害人保護政策，透過地區居民的自發性參與，以滿足被害人的複合式需求，設置並營運兒童暨女性保護地區網絡。

——○○市女性暴力防止暨被害人保護與支援相關條例第五條

也有地方自治團體積極宣傳自己組成的兒童暨女性保護安全網：「目前正在建構並營運女性暴力預防協力體系（兒童暨女性安全網）。以副區廳長（委員長）為中心，由警察局、女性暴力被害人支援設施長、一三六六地區中心長等擔任委員，每年透過管理委員會與實務案例會議，以及地區內女性暴力預防機關之間的支援與資訊交流，為預防實質的女性暴力做出努力。」

這是A地方自治團體的答覆。可是檢視該地方自治團體的「兒童暨女性安全網設置與營運條例」，不禁懷疑這樣的努力是否有實質效果。上頭寫著，管理委員會一年舉辦一次以上會議，實務案例協議會一年舉辦兩次以上。儘管當委員長認定有必要時，又或者有三分之一以上管理委員提出要求時得以召開會議，但一年開三次會，真能為親密暴力被害人提供實質保護？我們認為不能。

其他地方自治團體的答覆中也顯現出限制。B地方自治團體表示「儘管已經組成地方女性暴力民間網絡組織，但在營運上受到限制」，並用括號補充「（主要功能為開會）」。

我們期待的不是開會的組織，而是能集中管理親密殺人的高風險個案，迅速做出對應的新「事業體」。倘若無法做到這點，這組織也就無法減少親密殺人被害人。

二〇一四年十月二十三日，美國明尼蘇達州德盧斯的地方報紙刊登了一張照片，那是現任美國總統、時任副總統的喬·拜登訪問德盧斯的消息。照片中，拜登望著站在身旁的女性露出笑容，而這名女性正是德盧斯模式的兩位創始人之一的雪莉·奧伯格。一九九〇年七月，當時擔任上院議員的拜登初次提議修訂女性暴力防止法，他透過演說表示「致力於解決家庭暴力問題的同時，初次接觸到德盧斯模式」，並提到：「社會必須對於此種絕對無法容忍的犯罪行為抱持警覺心。」

目前至少十天就有一起親密殺人事件，再不力圖振作，究竟還要有多少人犧牲？光靠「想法」無法為暴露在「殺人前兆」的親密暴力被害人提供強大保護。我國地方自治團體需要的是「意志（will）」，這和想法（mind）大不相同。

國會的怠忽職守

儘管如此，仍有地方自治團體展現出不同的想法深度。被指定為女性友善都市的大田廣域市大德區就對「為了彼此相處融洽，生存必須成為前提」的問題意識深表共鳴，而慶尚南道亦準確掌握了近期女性暴力相關的立法情況。

我們認為在防止女性暴力與保護被害人上，國家與地方自治團體的角色很重要，也對建構系統的必要性深感共鳴，想進行充分討論。但身為政府與廣域自治團體的積極支援與實質專責機構，我們認為需要有制度支持，才能扮演好我們的角色。從大德區的立場來看，就碰到增加相關專業人力與財政條件等困難，然而大德區被指定為「二期女性友善城市」，為了打造「女性安全的城市」，會積極檢討與實行，在打造杜絕女性暴力的制度與設置專責機構等所有過程，也會攜手參與。

——大田廣域市大德區

親密暴力是從二〇一八年十二月二十四日修訂的「女性暴力防止基本法」開始納入「女性暴力」的範圍，至今卻沒有建構被害人支援網絡和反映具體支援內容的個別法令。

尹英錫議員在二〇二〇年十一月十一日提出防止約會暴力與被害人保護等相關法案，權仁淑議員亦於二〇二一年一月十一日提出將交往關係納入家庭暴力犯罪的處罰等特例法部分修訂案。往後我們會盡可能將現今的女性暴力被害人支援系統做最大的使用，提供親密暴力被害人相關支援，制定並實行相關法後，根據法律明文規定另外組成專責組織網絡等。

——慶尚南道

京畿道龍仁市的問題意識則更深沉一些。儘管龍仁市在面對「您對組成因應親密暴力的社區安全網，並由被害人支援團體營運的看法如何？」的問題時表示「從現實來看，地方自治團體很難針對親密殺人制定個別對策」，但也答覆：「應該打造在警察受理階段無法輕忽案件的過濾裝置、明確的保護方案，取得同意提供個資後，打造機關之間能無條件共享案例的系統。」

基礎地方自治單位的被害人支援團體經常有人力不足、事業費等問題，且以小郡為單位的地區甚至連被害人支援團體都沒有。被害人支援團體一般以性暴力諮商中心與家庭暴力諮商中心為地區單位。現行體制內，在跟蹤與親密關係中發生的暴力，很可能是不屬於性暴力與家庭暴力的案例。

就目前女性暴力被害人支援團體而言，在案發當時警察提出協助要求，或被害人親自要求支援前，沒有任何與被害人接觸的方法。因為這類支援團體缺少了被害人最需要，且能強制執行禁止接近或保護措施的法律權限，因此他們主要負責了預防教育、宣傳活動、案件受理後提供心理與醫療支援等。

就現實面來說，地方自治團體難以制定親密殺人的個別對策。我們不禁想，制定國家政策、編制經費後，具體則由地方自治團體執行，這樣的方案不才是合理的嗎?應該在警察受理階段時打造讓其無法輕忽事件的過濾裝置、明確的保護方案，並且建構一個取得同意提供個資後，機關之間能無條件共享案例的系統。

——京畿道龍仁市

歸納這三個地方自治團體的答覆，可知應該率先建立法律制度，特別是考慮到打造「在警察受理階段讓其無法輕忽事件的過濾裝置」，即為德盧斯模式，為了和警察共享偵查情報，京畿道龍仁市也應依答覆修訂法律，這件事不能只靠地方自治團體的意志。

任期期滿，遭到廢除

儘管網路霸凌與日俱增，但幾乎沒有因輕罪而受處罰的情況，實際上也因為缺乏跟蹤相關處罰法規，因此發生犯罪行為時，被害人只能束手無策地默默承受。尤其是跟蹤行為具有持續與執著的特性，被害人明明已經遭受嚴重身心傷害，但社會缺乏認知、現行法規不完善，導致跟蹤事件長期遭到冷落。將跟蹤定為犯罪行為，並使加害人接受刑事處罰（略）……因此為了根據時代變遷，保護人不會成為犯罪行為之被害人，我們判斷目前應制定獨立的跟蹤處罰特例法並強化處罰。

——鄭虎善，國會女性特別委員會，一九九九年八月十日

一九九九年的發言，足以顯示國會欲保護女性免於遭受暴力的意志，已經被擱置在檯面上多久。隨著二〇二〇年輕罪處罰法實行令的修訂，跟蹤犯罪者會科以八萬元罰金。二〇二一年，現行跟蹤犯罪罰金為十萬元。十年來，就只多了兩萬元罰金，這就是國家對處罰跟蹤犯罪的意志的估價，實在令人氣結。二〇二〇年政府提議的跟蹤處罰法，直到二〇二一年三月才在國會通過。

而國會初次提出約會暴力處罰法是在二〇一六年二月，法案中包含了定義約會暴力的概念、將加害人與被害人區隔的措施、對被害人提供人身保護、對加害人提供教育／諮商／治療等相關內容。提出法案的朴南春議員表示：「希望能強調約會暴力不只是情侶爭吵，而是重大犯罪行為的認知，期待能迅速為被害人提供保護並進行預防二度傷害的措施。」但在第十九屆國會的最後關頭，

朴南春議員的法案卻靜悄悄地遭到廢除。二〇一六年，因親密殺人而喪命的女性至少有三十八名。

第二十屆國會全體會議從二〇一七年八月到十二月為止，表蒼園、申寶拉、朴南春、咸珍圭議員等接連提出約會暴力相關法案。二〇一七年因親密殺人而喪命的女性至少三十二名；在無人提起相關法案的二〇一八年，又有三十八名女性死於交往的男性之手。前述的相關法案全都因「任期期滿而遭到廢除」。二〇二〇年十一月，尹英錫議員提出的法案，至今尚未提交法制司法委員會。

視而不見

過去也曾有過不制定新法案，而是修改既有法律，處罰加害人並保護被害人的修訂案，二〇一七年八月朴洸瑥議員提出的家庭暴力處罰法修訂案即是如此。

由於約會暴力是發生在非常親近的關係內，國家權力介入不易，相較於其他犯罪，被害人無法得到徹底的保護，且犯罪行為具有持續反覆的特性。就此層面來看，約會暴力與家庭暴力兩者的根本屬性是相似的，差異僅在於被害人與加害人結婚與否。因此，我們希望將約會關係納入家庭暴力的定義內，被害人保護制度亦能適用於約會暴力犯罪，藉此為被害人提供更堅固牢實的保護。

——家庭暴力犯罪的處罰等相關特例法部分修訂案（朴洸瑥議員等十人）提案理由

二〇一七年十一月二十三日，向國會法制司法委員會提交的法案足有二〇二個，其中包括朴洸瑥議員提出的家庭暴力處罰法修訂案。

上午十點七分，會議開始。卻不斷圍繞在特殊活動費的政治鬥爭上，直到十二點十九分結束前，都沒有進行法案審查。下午兩點四十三分，會議繼續進行，總算開始審查法案。率先提出了七項法案，但委員長只稍微聽了一下專門委員的發言後，就詢問大家是否有異議。「沒有。」在座者如此回答，而委員長宣布通過。一名國會議員對出席會議的新任國會事務總長要求「盡快修理國會本館的電梯」。

下午兩點四十六分，開始進行十一項法案的審查。一名議員對出席會議的女性家庭部長官說：「看到妳笑的樣子，開會心情都好了起來。」

下午兩點五十五分，提交九項法案。

下午三點十三分，提交十二項法案。

下午三點三十分，提交九項法案。

下午三點四十八分，提交十項法案。

下午四點三分，提交四十四項法案。

下午四點十九分，這次提交了一百零一項法案，其中包括朴洸瑥議員的家庭暴力處罰法修訂案。委員長表示「因為內容過多，以書面代替檢討報告」，之後沒有任何討論，僅表示「會將全部提案交給法案審查第一小委員會」，接著又回到政治鬥爭時間。

在法院行政處長出席會議的情況下，眾人圍繞在積弊清算偵查的主題上展開爭論。關於如何處罰親密暴力加害人，如何保護被害人，國會法制司法委員會沒有花一秒進行討論。

本來可以救的

二〇二〇年二月，我們見到當時的國會議員表蒼園。他在二〇一七年七月提出約會暴力防止法，同年八月又另外提出約會暴力處罰法，顯示出他深刻認知到親密殺人的嚴重性。由於他宣布不參選第二十一屆國會議員，因此我們更想問他，為什麼以「任期期滿廢除」為由而不制定法律、為什麼不修法？

「我們的政治是一種難以吸收弱者迫切聲音的構造，它只看強者與多數。在政治鬥爭激烈的情況下，根據權力是否被剝奪，從事政治的團體的人生與利害關係會出現分歧，弱者的聲音也更容易被埋沒。我們常說的重點法案指的是經濟、安全保障、福利法案等對多數人造成影響的法案。這些法案在政治上必然會形成尖銳的分歧，可是約會暴力防止法並不是會對自己造成明顯有利或不利的法案，更容易被置之不理。倘若國會常規性的運作，就會討論並修正法案，通過機率也會提高，但現況並非如此。常任委員會或法案法案審查小委員會召開的日期又特別少，所以碰到開會就會先從重點法案提出，對方又提出反對，雙方持續拔河角力，一方面又協商，最後也只能通過部分法案。」

以黨的利益為第一優先進行政治鬥爭，久而久之，人命只能敬陪末座。「倘若法律和制度完善，原本能救回的無辜生命實在是太多了。」表議員深感遺憾。表議員的問題意識是向著加害人的。能透過判決書確認的死亡人數僅有一百零八名，她們究竟做錯了什麼才遭交往男性殺害？畢竟人能殺人的理由，從一開始就不存在。

「他們不是突然被惡魔附身才殺人。走到殺人這一步前，肯定有跟蹤或暴力行為，所以我們更必須幫助加害人。若是獲得相關專家或諮商機構協助，就能解決加害人的根本問題，假如已經透過教育協助他們改善，加害人還是對被害人施暴，就必須加重處罰給予嚴懲。目前在加害人的部分沒有建立任何社會制裁或改善措施。假如感染新冠肺炎，責任只在染病的人身上嗎？這並不是國家該有的態度嘛。我們必須阻斷病毒、進行追蹤，避免更多感染者出現，約會暴力事件也相同。為了避免更多被害人出現，國家應該介入，防止額外的傷害發生。為什麼不積極採取行動呢？難道就只能交給命運決定嗎？」

破車。在韓國女性熱線政策組長崔娜努對我們說的話中，這個詞留下了強烈的印象。「親密暴力就像地雷一樣，」她說：「我們常掛在嘴邊的『破車[25]』可能會殺害女性，卻可能只用一句『遇人不淑』就帶過了。」

25 貶低男性的說法，比喻爛男人。

不能讓政府以「交給命運」或「破車」這種避重就輕的話撇清責任，要大家自行閃避，這是國會應盡的義務。表議員表示，「必須對國會施壓，追究國會的怠忽職守」，唯有如此，部分國會議員的想法才能變成國會的意志。

有別於現實的制度

怠忽職守，指的是對某件事置之不理，不去解決。光是看家庭暴力處罰法，就可知國會在女性暴力議題上怠忽職守到什麼程度。法律適應對象的「家庭成員」定義如下：

—配偶（包含事實上有婚姻關係的人）、前配偶
—現為或曾為自己或配偶之直系血親
—同居的親族
—另外也包括曾為繼父母與子女關係、曾為嫡母與庶子關係之人

我們查了字典，「嫡母」指妾室的子女稱呼與父親正式結婚的元配夫人，早在九〇年代的民法就已經消失，是在現今的大韓民國非常罕見的家人關係之一，大概得回溯到洪吉童[26]時代，卻依然寫在法律條文上。反倒是現今身邊常見的同居或交往關係，卻完全被排除在法律適用對象之外。這與朴洸瑥議員提出家庭暴力處罰法修訂案，想將約會關係納入家庭暴力的定義，使親密暴力行為也能受到處罰，國會卻漠視不管的情況相同。這就是國會的怠忽職守。

而〈美國「德盧斯模式」現場研究報告書〉中提及的家庭暴力法規是如此定義的：

—現配偶或前配偶
—父母與子女
—具血緣關係之人
—現同居人或前同居人
—不論是否結婚或同居，共同生下子女的人
—不論是否與懷孕女性結婚或同居，推定為胎兒父親之男性
—締結重要浪漫或性關係之人

充分展現出盡可能將現存關係反映於法律的意志，與我國的家庭暴力處罰法有天壤之別。如果想要徹底守護生命，希望好好制裁奪走人命或威脅他人性命之人，就該盡可能將現實反映於法律，而具備此權限的地方正是國會。假如之前沒做到，導致此類事件增加，更該亡羊補牢，制定法律或

修法，而具備此權限的地方依然是國會。

以下是二〇一九年九月二十日JTBC《新聞室》的一段訪問內容：

主播：所以制度上似乎需要制定先發制人且積極的對策。是否有我們能做為參考的案例？

記者：有些國家比我們更早建立制度。像美國亞利桑那州在二〇〇九年制定了「凱蒂法（Kaity's Law）」。一名叫作凱蒂的女性遭到前男友槍殺。儘管事前她向警察申請人身保護，但缺乏法律根據，因此警方並未接受。以此事件為契機，美國將戀人關係納入現有的「家庭暴力防止法」，警方得以提供人身保護、無須拘票即能逮捕，甚至能沒收槍枝，也能對加重處罰加害人。

當年十七歲的凱蒂在二〇〇八年十二月遭到前男友殺害。事件發生前，在亞利桑那州，若是面臨危險的女性想禁止加害人接近，只能採用名為「性騷擾禁止接近命令（injunction against harassment）」的民事制度，與我國的禁止接近暫時處分相似，將安全的責任轉嫁給了個人。

然而，亞利桑那州在事發七個多月後的二〇〇九年七月，就通過了使原有的家庭暴力防止法適

26 朝鮮時期的知名人物，在此形容年代久遠。

用對象擴大到戀人關係的「凱蒂法」。儘管從那之後又過了十年，在這段期間有無數女性遭到男性殺害，我國的家庭暴力處罰法卻連交往關係都沒有納入法律適用對象。這種差異，顯示出國會的怠忽職守達到何種程度。

如果想要改變現實

二〇二〇年十二月，我們與共同民主黨國會議員權仁淑會面。權仁淑議員對〈親密殺人〉報導深感共鳴，並表明會提出家庭暴力處罰法修訂案的立場。

儘管從數十年前開始，發生於戀人等親密關係的親密暴力呈現上升趨勢，卻把此視為私領域而沒有公權力介入，導致擴大為傷害、強姦、殺人等嚴重犯罪。根據近期某網路媒體分析三年來親密暴力事件判決書的結果，男性殺害女性的殺人案達到了一百零八件。

——家庭暴力犯罪處罰等相關特例法部分修訂案
（權仁淑等九名議員）提案理由，二〇二一年一月十一日

正如二〇一七年八月的朴洸瑥議員那樣，權議員也表示會將交往關係納入法律適用對象，強化將加害人與被害人區隔的臨時措施等。權議員對此表示期待，「假如法案通過，警察的因應方式本

身就會不同，不僅是交往暴力，討論家庭暴力的層次也會改變」。

我們向權議員提出女性暴力防止基本法也需要修訂的意見。德盧斯模式之所以強而有力，在於不只將保護被害人的責任交給警察，而是在案發階段就與ＤＡＩＰ分享偵查紀錄。正如同京畿道龍仁市給我們的答覆中所說，這是讓「警察在受理階段無法輕忽案件的過濾裝置」。

我們可以在兒童福利法找到相同的最低限度過濾裝置。兒童福利法第二十二條，地方自治團體長官在管轄區發生兒童虐待事件時，得以向警察局長要求相關資料。此外，第二十七條規定，倘若有懷疑發生兒童虐待之情事的事由，也同樣能向地方自治團體長官通報該事實。我們判斷與此相似的規定也適用於女性暴力防止法，這是因為女性暴力防止法已具備了讓地方自治團體防止女性暴力、保護及支援被害人等必要的法律及制度設計。這代表就像兒童福利法，警察與地方自治團體分享情報的根據已存在法律之中。

權議員表明會積極檢討，「當傷害發生時，可以明確追究後續責任在何人身上，這會是具有意義的進展，我們會進一步研究能夠持續監視加害人到什麼程度，以及被害人需要何種幫助。」

權議員也強調：「就算沒有結婚，戀愛過程中也可能經歷個人無法承受的困難。基本上可能是在力氣上、經濟水平有所差異。在關係中要擺脫對方的糾纏或支配是非常痛苦的，若是又碰上懷孕或墮胎等狀況，要力圖振作就更難上加難了。戀愛也可能是粗鄙低劣的，這是事實，倘若社會對此漠視不管，親密暴力只會與日俱增。這是任何人都可能經歷的問題，我們的社會應該擁抱與承受它。」

女性得以在懷孕狀態中結束交往關係，就算不結婚或同居也能生下子女，在明尼蘇達州已經將此納入家庭暴力法。即使身處無法承受的困境，至少女性的性命不會遭受威脅或被奪走。這亦是在國會立法之人最少應盡的職責。想要改變現實，就必須先正視現實。

就算只有一人都嫌多

被交往的男人殺害，被同居的男人殺害，被丈夫殺害，離婚後與其他人交往後死了，甚至被婚外情對象殺害，卻無人知曉，一年內有幾名女性因交往的男性而死亡，準確的數字沒人知道。

從二〇一六至二〇一八年，警察表示因約會暴力死亡的女性為五十一名。但經過我們搜尋出來的判決書，在非法定婚姻狀態下交往，後來因男性而喪命的女性為一百零八名。每年韓國女性熱線都會將法定婚姻狀態的案例納入，針對媒體報導的兇殺案進行分析並發表報告，根據其報告，該期間遭到殺害的女性為兩百三十名。

這都是不夠準確的數字。警察統計數據可能會有偵查現場的主觀判斷介入，根據界定何者為親密暴力的視角，案件可能被納入家庭暴力，也可能遺漏。我們透過搜尋判決書所找到的數字也無法說是準確的，因為也會有媒體報導了卻找不到的判決書。

韓國女性熱線的情況與此恰恰相反。因為他們只以媒體報導為基礎，因此可能漏掉有判決書的案件。之所以會補充「若是將未報導的案件包含在內，實際上遭到親密關係中的男性殺害的女性更多」，也是基於這樣的原因，這些都是最少的數字。

目前我國並沒有女性暴力官方統計數據，只能透過每年公布的警察犯罪統計數據或大檢察廳犯罪分析推估大致的受害規模。研究警察廳在二〇二〇年國政監查時，向共同民主黨鄭春淑議員提出的「二〇一五年之後女性遭施暴與殺害統計資料（二〇一五~二〇一九年）」，可知五年來遭到殺害的女性為一千七百三十五名。若是研究大檢察廳犯罪分析的「殺人犯罪被害人性別分布」，可知該期間遭殺害的女性為一千七百四十三名。但我們無法得知其中有多少女性是遭親密關係中的男性殺害。此外，憑藉警察或檢察犯罪統計資料，甚至無法掌握有多少女性犧牲者是致死罪造成。這等於是長期忽視聯合國要求掌握性別暴力或女性殺害等的準確統計資料並建立監視系統的要求。

很顯然，這是國家的怠忽職守，女性家族部該負起最大責任。女性暴力防止基本法第十二條規定，「根據相關法律，關於性暴力、家庭暴力、性買賣、性騷擾實際情況調查中遺漏的女性暴力，女性家族部長官必須實施女性暴力實際情況調查」，這表示必須竭力避免有遺漏的數字。此外，第十三條明示，「為了有系統地管理女性暴力發生現況等相關統計資料，女性家族部長官應長期收集、計算及公開發表資料。」

無人知曉的數字

過去女性家族部從未公布過女性暴力發生現況的統計資料。我們很好奇，女性家族部是否根據法律在進行實際情況調查，或向警察或地方自治團體等要求女性暴力統計資料？我們期望女性家族部只是尚未發表其結果而已，實際上已掌握了比警察、韓國女性熱線以及我們採訪團隊更準確的「數字」。二〇二一年三月，我們向女性家族部要求公開資料：

1.根據女性暴力防止法第三條，將女性暴力定義為△家庭暴力△性暴力△性買賣△性騷擾△持續性的折磨行為△其他親密關係內之暴力△透過資訊通訊網行使之暴力。請公開二〇二〇年一共發生了多少件女性暴力事件，以及各自的現況。

2.貴單位是否掌握二〇二〇年因法律定義的女性暴力而死亡的女性一共有幾名？因家庭暴力而死亡的女性有幾名？因「其他親密關係內之暴力」而死亡的女性又有幾名？

3.若尚未彙整二〇二〇年統計資料，我們要求公開上述第一～二項的二〇一九年統計資料。

「資料不存在。」這是女性家族部答覆的第一句，其內容也同樣令人失望透頂：「自從女性暴力防止基本法實施（二〇一九年十二月二十五日）以來，為了依據第十三條之規定並建構女性暴力統計資料，實施女性暴力統計系統的相關研究、相關機關意見查詢等均在討論過程中。預計今年會透過相關機關之間的協議，建立女性暴力統計指標系統。至於閣下所說的女性暴力受害件數、因女性暴力而死亡的女性人數相關資料，目前並未持有。」

女性暴力防止基本法在二〇一八年十二月二十四日修訂，都過了兩年，還沒決定要以何種形式告知哪些數字，與相關機關也尚未取得協議。即便透過第十三條第二項賦予權限，明訂當女性家族部提出要求，包括中央行政機關在內，地方自治團體與公共機關必須提供相關女性暴力統計資料，卻連因男性的暴力而死亡的女性有多少都沒掌握清楚。

國語字典寫著「行政」指受法律規範，同時為了實現國家目的或公共利益，因而行使主動積極的國家作用。目前每十天就有一名女性面臨親密殺人，有什麼「公共利益」會比準確掌握這種現實狀況更重要？為了減少女性暴力，需要最主動、最積極行政的地方，即是女性家族部。

在國內親自介紹了德盧斯模式的單位也是女性家族部。二〇一五年九月、朴槿惠擔任總統的時期，女性家族部與韓國女性人權振興院邀請國外專家召開「防止家庭暴力討論會」，介紹的案例即是德盧斯模式，而DAIP理事長約翰．貝爾與被害人支援負責長官珍妮佛．蘿絲也受邀來到韓國。貝爾理事長在記者座談會上表示，「透過投入德盧斯模式，從家暴被害人報警的那一刻開始，偵查、起訴、求刑、加害人矯正等所有過程都合而為一」，也表示「在三十多年前，從報警到處罰為止的每個階段都是被切開的」。

二〇二一年的我國，情況似乎與一九八〇年的德盧斯如出一轍。想要改變需要什麼？兩人均強調是「意志」：「在美國也一樣，被害人不報警，而是選擇隱藏，或拒絕警察協助的情況屢見不鮮。消除這種不確定性很重要。我們必須讓被害人知道，她有各種離開加害人的選項，也必須向加害人傳達一貫的訊息，假如他們持續出現這種行為，必然會受到處罰。尤其是社會必須明確展現出絕不寬待此等暴力的意志，再犯率才會顯著降低。」

就算不刻意提及憲法，國家也有責任展現出不寬待親密殺人的強烈意志。女性家族部必須依法準確掌握女性暴力的實際狀況，並客觀地揭示殘酷的現實。國會的怠忽職守已經歷太長遠的歲月，並且一再重複。第二十一屆國會選出了歷年最多的女性議員，甚至出現有史以來第一位女性副議長。無論是用什麼名稱，都必須提出法案才行。在法律上必須展現強力保護被害人免於受到親密暴力，以及嚴懲加害人的意志。

地方自治團體必須將目前的網絡從「會議體制」改為「事業體制」。根據研究公共財政革新方案的「國家生計研究所」在二〇二〇年十一月分析兩百四十三個地方自治團體結算書的結果，我國地方自治團體在「倉庫」中沉睡的金額達三十七・二兆。這筆錢足以所小法律與現實之間的空白。

所謂的希望，另一個意思為「往後會好轉的可能性」。假如看不到可能性，就會陷入絕望。在切斷所有希望的「密室」中，有太多女性正在死去。

我們的責任

「大家聽好了，任何人都不能打女人。無論是老婆、女友或約會對象。每一個女人都不該恐懼暴力，更不該害怕自己最信任、最了解的人。可是現實非如此。我們必須改變這樣的現實，這是我們的責任，因為即便是一次的暴力也嫌太多。對女性的暴力會使我們所有人受傷。當男人打女人的同時，就會發生權力濫用，我們所有人都有責任。」

——摘自「一個都太多（1 is 2 Many）」宣傳影片

巴拉克．歐巴馬：親密暴力使我們所有人受傷，請協助終結暴力，就算只有一次也已經太多。

伊萊．曼寧：一個也嫌多。

喬．托瑞：一個也嫌多。

安迪．卡茨：一個也嫌多。

林書豪：請遏止暴力。

吉米．羅林斯：因為這是錯誤的。

喬．拜登：因為就連一個，一個也真的已經很多了。

——摘自「一個都太多（1 is 2 Many）」宣傳影片

一次都太多，就算只有一個人都嫌太多。這支宣導遏止女性暴力的宣傳活動，公布於二〇一四年十月，由美國白宮主導。

訪談

一名女性也不能失去

女權運動家／金洪美里

「一名女性也不能失去。」

國家、地方自治團體、國會，只要有一個地方抱持這種想法，是否就不會有那麼多女性死去？也能稍微改變就連女性暴力相關國家統計數據都沒有的現實？在被高牆圍繞、無處可逃的「親密殺人」現實中，是否能讓高牆出現裂痕，替被害人打造出得以逃跑的「門」？

女權運動家金洪美里花了數年思考這些問題。當她二〇一七年拜訪瑞典，說在韓國每年有數百名女性「遭到親密關係中的男性殺害」時，瑞典防止女性暴力機關的首長則說：「一名女性也不能失去」。

過去金洪美里負責的工作是計算「有多少女性在親密關係中遭到殺害」的數字。在韓國女性熱線任職至二〇一二年的她，從二〇〇九年開始統計「媒體報導之遭到殺害的女性人數」。二〇一〇年一百五十四名、二〇一一年九十名，二〇一二年有兩百零四名女性遭到親密關係中的男性殺害或殺人未遂。「成天在研究有多少人死了」的過程實在太痛苦了，於是金洪美里開始思考如何終結女性暴力，她鑽研相關知識、出書並到處演講，拜訪瑞典亦屬於其活動的一環。「在瑞典，據說每年『因男性施暴而死亡』的女性不到十人，而且還說『現在還太多』。就是因為負責人抱持這樣的想法，才能減少『女性在親密關係中遭到殺害』的數字吧。」

二〇一九年五月，她再次提出「一名女性也不能失去」，並在自己Facebook加上標籤「#一名女性也不能失去」。在這篇文章中，提及了兩天前某男子殺害妻子的事件。

身為加害人的丈夫是政治人物，前金浦市議會議長劉昇炫以高爾夫球桿和拳頭毆打妻子致死。眾記者問被逮捕後移送法辦的劉前議長：「您有殺人的意圖嗎？」

金洪美里代替保持緘默的他，在Facebook寫道：「打死妻子的丈夫答案總是千篇一律，所以我可以告訴大家，劉昇炫會說自己沒有打算殺人，會說自己是喝醉神智不清。請不要問殺妻兇手劉昇炫有沒有殺人意圖。」她也叮囑記者：「請不要寫下他說自己無意殺人的說詞，請不要相信他。請不要問他有沒有殺害妻子的意圖，而是去採訪他對妻子施暴的實際狀況。唯有這樣，才不會有更多人死亡。」

她還「預告」了一件事：「警察將不會以殺人罪起訴，那麼他應該就會被判減刑了。如果以施暴致死罪起訴，量刑就會比殺人更輕。」

她說的話只對了一半。政治人物殺害妻子的案件受到極大矚目。輿論沸騰，檢察官也順應民意以殺人罪起訴。一審法院認定劉前議長犯下「殺人罪」，判處十五年有期徒刑；二審法院則表示「被告非故意」，以傷害致死罪判處七年有期徒刑。

「今天是江南站隨機殺人事件三周年。這三年來，仍有數百名女性遭到殺害，殺妻兇手劉昇炫就打死了其中一個。他殺了人，不能輕饒他，他的罪名不是致死，而是殺人。」

——

一二〇一九年五月，您在Facebook上寫道：「不要問殺死妻子的男性『為什麼殺了她』，不要問他有沒有殺人意圖，而是採訪他對妻子家暴的實際狀況。」實在讓分析親密殺人判決書的我們深感共鳴。

要是問：「為什麼殺人？」他們的答案只有一個：「因為她不聽我的話。」基於她不替我做飯、不跟我做愛、她劈腿等與性別角色相關的脈絡，於是他們殺了人。在這種情況下，何須再問加害人理由？但這些約會暴力、親密殺人，沒有人問為什麼那些女性非死不可，卻只一再聽到加害人的說詞。如果繼續把這些視為個人的問題，而必須解決問題、負起責任的主體不把此視為自身的職務，這些反覆的對話還要說到哪一天？

梨花女子大學韓國女性研究所教授許閔淑分析配偶殺人關係的論文中，就寫道，法官質問遭受家暴、最後憤而殺害丈夫的妻子為何不開門逃跑。法官也會問約會暴力的受害女性：「為什麼不跟那男人分手？」表示法官渾然不覺被害人面對的不是「門」而是「牆」的處境。

加害人就是把門打造成牆的人。那麼，誰該將牆打造成門呢？就是你我，就是這個社會，我們卻一再說出有助於堆疊高牆的話，就連說出這種話也可說是暴力的共犯，因為我們應該懂得選擇讓什麼樣的想法被廣傳。

對遭受親密暴力的人說：「我能為妳做些什麼？怎麼做才能幫助妳？」是很重要的。光是陪伴就能替被害人打造一扇門。目前無論是非正式或正式的支援系統卻都沒有啟動，被害人被高牆包圍，加害人的「殺人權利」卻受到保護。

我們不能把這一切視為兩個人的問題，把被害人當成傻瓜，說出「就是因為那女人太愛那男人，才無法擺脫他」，這種行為等於是在守護「殺人的權利」。

—想徹底掌握約會暴力、親密殺人的實際狀況，就必須先知道究竟有多少女性死亡。這是從韓國女性熱線開始的？

之所以會開始這項統計，是因為太生氣了。二〇〇九年我任職於韓國女性熱線時，透過媒體報導開始調查「女性被親密關係中被男性殺害的數字」。那時我們向政府要求提出「女性在親密關係內遭殺害的統計資料」，已經要求了快十年，政府就是拿不出來，我們就帶著「好啊，那就由我們來算」的想法開始。直到現在，還是沒有官方統計資料，這已經不只是怠忽職守了，根本是在默許死亡事件發生。

不管是十年前或現在都一樣，太令人生氣了，居然這麼不把女性的死當一回事！政府等於是把親密殺人、約會暴力假定為「合理的個人理性選擇」，是「選擇的主體在談戀愛」，但我想透過統計數據來表達完全不是這樣，問題潛伏在個人與個人的權力結構內。原本以為公布數字之後，至少有人開始關心吧，但無論死了多少女性，整個社會還是不聞不問。

直到二〇一五年發生江南站隨機殺人事件後，大眾感到震驚，社會才開始關心起「女性之死」，這反而更教我吃驚。之前也有過仇女殺人案例，但當時多數人的反應卻是「太令人意外了」，我不禁心想，原來也會有這麼一天啊。

—江南站隨機殺人事件後，有什麼改變嗎？

社會從來沒有正視「約會暴力是在權力關係內發生」的問題，直到發生這起事件後，才認知到「性別化的戀愛」。男人向來以「我會保護妳」的名目，告誡女人「衣服不能穿這樣、晚上不要在外面遊蕩」並進行控制，保護成為控制的藉口。

女性本來對此毫無問題意識，直到事件發生後才意識到這樣好像不對，開始轉換了立場，提出質疑：「世界很危險，但為什麼是我要小心？」當女性開始說「你再也不需要保護我」時，有一派男性卻生氣地說：「我們是珍惜妳們，為什麼把我們當成加害人？」也有另一派男性說：「對耶，我們為什麼要自詡為保護者？我們是夥伴，應該一起奮鬥才對。」那些說「一起奮鬥吧」的男性，在事件發生後一起感到忿忿不平。在此之前，我從來沒見過任何男性會為了仇女殺人事件一起參加抗議遊行。那時應該是第一次。

好像也是從那之後，才開始聽到「不要按照固定的戀愛劇本去扮演性別角色」、「戀愛是夥伴關係，不是誰要保護誰」的論調，衍生出的結論就是４Ｂ（不戀愛、不做愛、不結婚、不生育）。畢竟女性再怎麼費盡脣舌，對方也不想思考何謂平等的夥伴關係，連嘗試也不肯，才導致女性做出如此斷然的宣告，這是必然會產生的變化。

—您認為在女性開始改變的同時，男性也在改變嗎？

江南站隨機殺人事件後，好奇「女人搭計程車時真的會害怕嗎？」的男性增加了，這代表男性真的不明白女性生活的世界和自己生活的世界有何不同。他們得以面對經驗的差異，也得以與知道此差異的人對話。當對話的經驗逐漸累積，當女性說出「我想談非保護方式的戀愛，想談不侷限於性別角色的戀愛」時，能聽懂的人也會增加吧？如今才總算可以說些什麼，才能有所理解。我認為這種形貌正在成形。

—目前整個社會正在形成這樣的氛圍，但真正需要引領「改變」的政府似乎對此沒有太大興趣。女性暴力防止基本法於二〇一八年十二月修訂，也因此有了由國家全面建構「女性暴力統計資料」的法律根據，可是至今沒有官方統計資料，根本就缺乏「意志」。

原因就在於是女性死亡、是弱者死亡。就像死了一名普通上班族，連眼睛都不會眨一下。就像朋友間有人情緒失控而殺了人，不會有人把這種事件視為結構性的問題。國家是把「親密關係內的死亡」視為「情緒失控而發生的私人問題」。就算將「親密暴力被害人多數是女性」的統計資料擺出來，也會有一種共同情緒認為這是「私事」，不會視為共同的問題。

如果不跨越這層認知，政府就很難提出對策。拖延「女性成為被害人的暴力問題」，認為與自己無關，甚至連這是「問題」都不知道。只是發生了江南站隨機殺人事件，群眾集體發聲，才勉為其難地假裝跟上。

—那麼女性該集體發聲，要求「解決結構性問題」嗎？

數位性犯罪也不是現在才有的新問題，使用「Soranet[27]」的百萬名男性肯定都知情，為什麼沒人說這是「問題」？直到媒體突然大規模報導N號房事件，社會才大聲疾呼：「這是一種問題！」剛開始也沒人相信，直到明確的被害人浮出水面，再也無法否認女性暴露於這種危險之中後，政治圈才總算勉強聽懂了。

江南站隨機殺人事件發生時，嫌犯說：「因為她是女人才殺了她。」當時政府的回應不就是說「男人也會死」嗎？也有人會說「男人不是都那樣，也有很多善良的男人」。

幾天後，因九宜站月臺門意外導致約聘勞工死亡時，沒有人說「也有很多人沒碰到這種情況，也有老闆是好人啊」這種話。唯獨碰到女性與性別問題時，就特別愛辯稱「是那男的太奇怪」並視為個人問題，簡直已經成為慣性。

政府一方面把傾聽女性、提出結構性問題的聲音視為「偏頗」，又說「哎喲，她們是厭男吧，應該要中立點」。江南站事件發生後，政府還說要「安慰二十代的男性」，發表了二十代青年男性

27 在韓國網路開始普及的時代以成人網站起家，後來淪為性犯罪成人網站而惡名遠播。

有多辛苦的報告書，毫無改變認知框架的意圖，問題才會至今無解。

我在二〇一七年和韓國女性熱線的運動家一起去了瑞典，為的是了解女性暴力被害人支援制度。瑞典女性暴力防止機關執行長抱持的認知是「一名女性也不能失去」。我國每年遭男性施暴致死的女性有數百名，瑞典卻不到十名，他們還是覺得太多。就是因為負責人有這種認知，也積極採取行政措施，為了持續減少剩下的問題而努力，「遭受親密殺人而死的女性」數據才能下降。

國會似乎也同樣缺乏解決「女性暴力」問題的意志。光是要讓跟蹤處罰法通過就耗費了二十二年，而先前第二十屆國會會議就數次提出約會暴力處罰法，卻連正式討論都沒有。

國會的論調是「我們必須幫助不幸的被害人，因此不得不在危急狀況介入」，光是看這次通過的跟蹤處罰法也能得知，連「被害人人權」一詞都沒有放入法律目的內。只是因為有人持續炒熱話題，獲得大眾的同意，法案也提出了七項之多，才會順應潮流勉強讓它通過。

「安全分手」也是女性在網路上率先使用的字眼。隨著這種言論出現，才意識到「啊，原來這是問題啊」的人逐漸增加。聲量逐漸聚集，跟蹤處罰法才得以通過。我認為國家從來沒有主動回應這個問題。

─怎麼做才能讓男性意識到自己也可能成為親密暴力加害人呢？

異性戀就連情緒和憤怒都被性別化了。當男人說要分手，女人可能會想：「是我的錯嗎？問題出在哪裡？」。「我們分手吧」是在接受男人話語、意見與決定，所以親密暴力的發生、男人感到憤怒的時機點，就在於女人提出分手時，這表示男人不願意接受女人的決定。所以我才會說憤怒被性別化了。

倘若男女平等，聽到對方說「我不想見到你，不想和你吃飯，不想和你做愛」時，應該產生的不是憤怒而是想知道理由吧？對方為什麼會有那種想法？

如果形成的是憤怒的情緒，就必須去思考為何對方不聽我的話會令我生氣？假如曾思考過「性別位階結構」，以及性別化的憤怒運作方式，就能得知你與對方的關係是否平等。

弱者是不能發脾氣的。就像勞工在公司內發脾氣會被說情緒化，但社長發脾氣，就會說是因為壓力太大才變得敏感而被接納，這種位階結構也在性別內運作。所謂特權，就是當事人沒意識到才叫特權。假如你在關係中是處於情緒、憤怒或每件事都無須調整的位置上，就有必要回頭檢視自己是否身處「性別位階結構」內。

—「評估的尺度」是什麼？

我認為探討「親密殺人」的這類書籍會有助益。本書中寫了許多在親密關係內的人能共同討論的話題。讀完書後，若男女朋友間能針對「女性死亡的問題」展開對話，就能成為評估的尺度。光是能與交往對象一起討論這本書就別具意義了，能夠對話就代表雙方已做好互相傾聽的準備，我認為這是平等的另一種說法。假如彼此還不能討論這種話題，表示兩人的關係尚未做好傾聽的準備，這也將會成為思考關係的契機吧。

—過去我們將「制定親密殺人的相關量刑標準」建議書寄給量刑委員會，也曾寫信要求通過由共同民主黨權仁淑代表提案的「家庭暴力犯罪處罰等相關特例法部分修訂法律案」。並寫了「必須設立女性暴力防止機關」的信給一百一十三個地方自治團體。為了能多減少一名女性的死亡，還能做些什麼？需要召集隨時可能暴露在約會暴力的女性，讓她們大聲疾呼：「我們要求解決女性暴力問題」嗎？

在被害人拋頭露面、揭發性暴力的#MeToo運動中已有許多人發聲，但我認為有比發聲更重要的事，那就是「攜手同行（#WithYou）」。#MeToo運動時，多名受害女性鼓起勇氣發聲，且有為數眾多的人願意聆聽被害人的痛苦，互相給予安慰，並且擴大共鳴。我認為這個行為就是 #WithYou。

而女性在親密關係中遭男性殺害的問題，若是女性強調「必須發聲」，那麼接到這種要求的人可能會產生非得做點什麼的壓力。可是若跳脫性別並詢問：「做好聆聽的準備了嗎？」越多人準備聆聽，要發聲也就越容易。過去有許多人擔心自己的話會被扭曲而不敢發聲，但若越多人準備好聽我的故事，發聲就不再是大問題。大家只要努力做好聆聽的準備就行了。

我希望能讓更多人做好聆聽的準備。「親密殺人」並不是因為被害人分不了手而發生的事，許多女性正被囚禁於高牆內，這個社會必須出面保護暴露於暴力之下的女性，這些都有必要多持續被談論。越是大張旗鼓地談論親密暴力的結構性問題，接觸這個議題的人就會越多，準備好聆聽的人也會越來越多。

直到我死了，我們才分手——親密殺人，一〇八名女性的紀錄

二〇一六年

二〇一六年一月十六日，二十八歲女性的生命畫下了句點。男人與女人、女人的母親和兒子同住。男人與女人起了口角，女人要求男人「在你老婆或我之中選一個」，女人的母親也對男人發了脾氣。男人持刀刺殺了女人和女人的母親，女人年幼的兒子則目睹了這慘絕人寰的一幕。女人的母親撿回一條命。法院判男人十五年有期徒刑。假如女人還在世，今年是三十三歲。

二〇一六年一月十七日，二十七歲女性的生命畫下了句點。地點是汽車旅館。兩人起了口角後，女人打算離開，男人使勁推了女人一把，毆打她。女人將身體探向窗戶外，而交往六年的男人就這樣將女人從七樓推下。法院判男人十二年有期徒刑。假如女人還在世，今年是三十二歲。

二〇一六年一月二十五日，四十八歲女性的生命畫下了句點。同居十年的男人高舉汽車旅館客房的椅子，朝女人的頭部砸，接著用腳猛踹倒下的女人腹部。男人當天施暴的理由是因為女人在朋友的酒局上喝醉了。女人的女兒在法庭上作證表示，男人平時也經常毆打自己的母親。男人被判九年有期徒刑。假如女人還在世，今年是五十三歲。

二〇一六年二月十三日，二十歲女性的生命畫下了句點。七個月前在聊天室認識而開始交往的男人，在爭吵中情緒激憤的勒住了女人的脖子並殺害了她。兩小時後，男人以女人的手機傳送「我正在路上」的訊息給女人的朋友，同時傳了「〇〇來了，嘻嘻」等訊息給女人的姊姊。接著他去吃飯，還打了撞球。法院判男人十八年有期徒刑。假如女人還在世，今年是二十五歲。

二〇一六年二月二十四日，三十五歲女性的生命畫下了句點。女人與那男人交往七個月後，兩人一起喝啤酒時起了口角，男人把玻璃杯往地面砸，接著拿起玻璃杯碎片。男人在法庭上主張自己精神耗弱，法官沒有接受，判男人十五年有期徒刑。假如女人還在世，今年是四十歲。

二〇一六年三月三日，四十九歲女性的生命畫下了句點。男人懷疑女人與前男友的關係，女人說要分手，而男人勒住了女人的脖子。這是發生在兩人交往不到十天發生的悲劇。殺人前不過二十幾天，男人才和另一個女人分了手。男人也懷疑那名女人，揚言要殺死那女人的前男友。在此之前，男人勒死了酒館女主人，在監獄服刑十三年才獲釋。法院判男人三十年有期徒刑。假如女人還在世，今年是五十四歲。

二〇一六年三月十日，七十四歲女性的生命畫下了句點。犯人是住在同一棟大樓、會替對方按摩，三年來關係親近的男人。男人強暴了女人，女人誓死抵抗，而男人以女人害自己身上留下傷口為由，將女人用力從床上推下。後腦杓撞到地面的女人當場死亡。男人被判七年有期徒刑。假如女人還在世，今年是七十九歲。

二〇一六年三月十六日，五十三歲女性的生命畫下了句點。經營餐廳的女人與身為客人的男人結識，發展成戀人關係，但不久後女人便向男人提分手。男人在女人面前喝下農藥，隔天再次來到餐廳，質問女人為什麼不接電話。女人說自己很痛苦，而男人勒住了女人的脖子。男人被判十三年有期徒刑。假如女人還在世，今年是五十八歲。

二〇一六年三月三十日，二十六歲女性的生命畫下了句點。男人對女人死纏爛打，隨時翻閱她的手機交易明細。交往三個月，女人就提出分手。男人在深夜持刀對女人說要一起死，刺殺了女人。同住的朋友目睹過程，男人也闖入朋友的房間。房內有朋友的兒子，男人再次揮舞刀子，而從睡夢中醒來的五歲孩童目睹了這一幕。男人被判無期徒刑。假如這兩名女人還在世，今年是三十一歲。

二〇一六年四月二十五日，三十七歲女性的生命畫下了句點。女人對男人提分手。把同居的家中密碼改掉。隔天凌晨，男人在家門前等待，對女人大打出手。一個月後，男人拆掉防盜窗後潛入，手上拿著刀要求和女人復合。女人搬了家，但男人購入位置追蹤器，也委託跑腿中心追蹤女人的位置。最後女人在自己的公司洗手間和持刀的男人撞個正著。男人被判無期徒刑。假如女人還在世，今年是四十二歲。

二〇一六年五月十六日，四十六歲女性的生命畫下了句點。女人和交往一年的男人吵架後，從男人居住的大樓墜樓結束了生命。據說那天兩人吵架的理由是性格差異，但女人感到性命受到威脅。男人用蠻力壓制打算回家的女人，女人為了避開男人而逃到陽臺。女人大喊：「救命啊，我在七樓。」接著兩人再次起爭執，女人從二十公尺高往下墜。法院判男人三年有期徒刑。假如女人還在世，今年是五十一歲。

二〇一六年六月四日，四十四歲女性的生命畫下了句點。交往三個月後，男人開始毆打女人。男人還有過在餐廳毆打女人而接受警方調查的前例，但女人說不希望男人受到處罰。五個月後，男人再度施暴，對痛苦不堪的女人視而不見。男人被判十年有期徒刑。假如女人還在世，今年是四十九歲。

二〇一六年七月十四日，四十七歲女性的生命畫下了句點。女人有兩個孩子，男人也有兩個孩子，兩人開始交往並同居。某一天兩人為了金錢問題爭吵，當天晚上男人以女人對自己態度冰冷為由勒住了女人的脖子。法院判男人二十年有期徒刑。假如女人還在世，今年是五十二歲。

二〇一六年七月二十日，三十二歲女性的生命畫下了句點。交往三個多月的男人勒住女人的脖子，之後畏罪潛逃。警方在接到通報失蹤人口後出動，最後在男人家中的冷凍室發現了女人的屍體。男人被判十六年有期徒刑。假如女人還在世，今年是三十七歲。

二〇一六年八月四日，五十三歲女性的生命畫下了句點。男人向女人借錢花用，同時又跟其他女人交往。兩人起了口角，男人勒住了女人的脖子。法院判男人十二年有期徒刑。女人斷氣的地點是在公園的某棵樹下。假如女人還在世，今年是五十八歲。

二〇一六年八月七日，三十八歲女性的生命畫下了句點。兩人交往並同居一年多。因懷疑而產生嫌隙，在女人居住的公寓為了金錢爭吵，男人說女人是惡魔，女人摑了男人耳光，最後男人持刀行兇。法院判男人十年有期徒刑。假如女人還在世，今年是四十三歲。

二〇一六年八月八日，六十一歲女性的生命畫下了句點。男人和女人因治療痲瘋病而越走越近。已有家室的男人離了婚，之後兩人交往了三年多。懷疑成了這場悲劇的開端。男人以女人送洋蔥給其他男人為由懷疑女人，要求女人別和其他男人走太近，女人說兩人結束了。男人持刀刺殺了女人，也用那把刀刺殺收到洋蔥的男人。奪走兩條性命的男人被判無期徒刑。假如女人還在世，今年是六十六歲。

二〇一六年八月十日，五十四歲女性的生命畫下了句點。男人在兩年前也曾刺殺因持續遭到懷疑而要求分手的女人。女人撿回一命，男人鋃鐺入獄。獲得假釋後的男人與女人復合，女人經營一家酒館，男人為了要她別再做生意再次拿起了刀。在審判過程中，男人也怪罪女人的不是。男人被判無期徒刑。假如女人還在世，今年是五十九歲。

二〇一六年八月十九日，三十四歲女性的生命畫下了句點。男人和女人是在網路聊天室認識的。交往六個月後，男人毆打女人。女人不希望男人受到處罰，男人因此獲得緩起訴並被釋放。六個月後，男人再度施暴。他以女人在兩人同居的汽車旅館內與其他男人喝酒為由猛踹女人。女人在廁所斷了氣，當時體重為三十六公斤。男人被判十三年有期徒刑。假如女人還在世，今年是三十九歲。

二〇一六年八月二十三日，三十八歲女性的生命畫下了句點。兩人交往了六年，期間男人經常毆打女人，也曾因此獲得緩起訴。儘管如此，男人依然沒有罷手，就在緩起訴期間的某一天，女人告訴男人：「你的伯母和堂姊代替你先離世的父母撫養你長大，既然過去吃了這麼多苦，就更要好好生活，為什麼自甘墮落到這種地步？」聽到這番話後，男人舉起了刀。男人被判二十年有期徒刑。假如女人還在世，今年是四十三歲。

二〇一六年八月二十四日，三十歲女性的生命畫下了句點。兩人當時同居，男人對晚歸的女人心生不滿，斥責女人後，女人說要分手。男人再次舉起了拳頭。男人經常毆打女人，儘管這天女人躲到認識的人家中，卻在那個地方迎接死亡的到來。這是發生在與男人交往八個月後，法院判男人六年有期徒刑。假如女人還在世，今年是三十五歲。

二〇一六年九月四日，二十六歲女性的生命畫下了句點。女人是啤酒屋老闆，男人則是店裡的客人。交往四個月後，女人提出分手。那天男人在啤酒屋的屋頂等待女人，就在女人說要分手時殺了她。法院判男人十七年有期徒刑。假如女人還在世，今年是三十一歲。

二〇一六年九月七日，五十五歲女性的生命畫下了句點。一審判決書中如此寫道：「被告因未知的理由刺殺被害人，使被害人當場死亡。」兩人為期三年八個月的同居生活也就此結束。男人被判十三年有期徒刑。假如女人還在世，今年是六十歲。

二〇一六年九月十三日，四十七歲女性的生命畫下了句點。「我希望能分手。」這是女人最後對男人說的話。男人殺害了女人並將屍體遺棄。男人被判十四年有期徒刑。假如女人還在世，今年是五十二歲。

二〇一六年九月三十日，五十二歲女性的生命畫下了句點。女人被一起生活七年的男人刺殺身亡。男人主張，因女人酒醉後口出惡言，自己情緒激憤，而男人先前已有多次酒醉施暴的前科。法院判男人十五年有期徒刑。假如女人還在世，今年是五十七歲。

二〇一六年十月二日，二十五歲女性的生命畫下了句點。那天下了雨，兩人在用餐過程中爭吵，女人說要回家，見到女人不肯接受自己道歉，男人於是用力將手中的雨傘丟向女人。一審法院判男人四年有期徒刑；二審法院判男人三年有期徒刑，四年緩刑。向女人遺族支付兩億和解金一事，成了對男人格外有利的情況，男人因此成了自由之身。假如女人還在世，今年是三十歲。

二〇一六年十月三日，五十五歲女性的生命畫下了句點。兩人從二〇一〇年就同居，二〇一三年男人持刀威脅女人。法院判了八個月有期徒刑，兩年緩刑。在那之後過了三個月，男人再次將刀子架在女人面前。法院判男人八個月有期徒刑，但出獄後的男人並未停止施暴。他毆打女人，勒住她的脖子，還說：「我先殺了妳再去坐牢。」他朝著打電話報警的女人吐口水，接著從警察局接受調查回來的男人用刀刺了女人。男人在法庭上主張精神耗弱，將罪過推給酒精。男人被判十五年有期徒刑。假如女人還在世，今年是六十歲。

二〇一六年十月五日，四十五歲女性的生命畫下了句點。女人和那男人交往五個月，因沒有還錢而被勒死。殺害女人的男人打電話給保險公司，詢問假如女人是自殺的話，能夠領取多少保險金。法院判男人十七年有期徒刑。假如女人還在世，今年會是五十歲。

二〇一六年十月六日，四十一歲女性的生命畫下了句點。女人和同居五年的男人在家喝酒時被勒住脖子。因女人問題而被訓斥的男人，兩度勒住了女人的脖子。男人被判十年有期徒刑。假如女人還在世，今年會是四十六歲。

二〇一六年十月十九日，四十三歲女性的生命畫下了句點。女人和那男人交往不到七個月就因金錢問題爭吵，最後遭男人刺殺身亡。男人被判十二年有期徒刑。假如女人還在世，今年會是四十八歲。

二〇一六年十月二十五日，六十歲女性的生命畫下了句點。女人的生命因一起走過十三年的男人而畫下了句點。儘管男人甚至寫了承諾酒後不會亂來的保證書，但只要喝酒就會用拳頭或皮帶毆打女人，直至女人昏迷。案發四個月前，男人甚至傳了「我們死後再在天上見吧」的威脅訊息。男人在法庭上辯稱，是在兩人起口角時，女人突然撲向自己才會被刀子刺中身亡。法院判男人十五年有期徒刑。假如女人還在世，今年會是六十五歲。

二〇一六年十月三十一日，三十二歲女性的生命畫下了句點。假如女人還在世，說不定現在會在泰國。女人為了賺錢而來到韓國，男人偷看女人的筆記本，兩人發生爭吵，女人說要分手，男人勒住了她的脖子，接著將屍體遺棄在距離九十六公里遠的山上。屍體在七個月後尋獲，女人的孩子們還在故鄉等待她。法院判男人十五年有期徒刑。假如女人還在世，今年會是三十七歲。

二〇一六年十一月七日，五十九歲女性的生命畫下了句點。女人的屍體是在男人家的院子發現。兩人同居一年四個月，男人用來殺人的兇器是女人平時使用的水果刀。那一天，女人在替男人削柿子。男人被判十五年有期徒刑。假如女人還在世，今年是六十四歲。

二〇一六年十一月九日，五十五歲女性的生命畫下了句點。起口角時，男人以不想聽到女人的聲音為由，摀住女人的嘴巴並勒住她的脖子。才跟那男人交往兩個月，女人的生命就此終結。男人被判十二年有期徒刑。假如女人還在世，今年是六十歲。

二〇一六年十一月二十日，四十二歲女性的生命畫下了句點。男人和女人的家人同住。男人喝酒時與女人的弟弟爭吵，火苗延燒到女人身上。因與姊弟爭吵而情緒激憤的男人拿起摔破的燒酒瓶和刀子。法院判男人十二年有期徒刑。假如女人還在世，今年是四十七歲。

二〇一六年十一月二十四日，四十四歲女性的生命畫下了句點。女人打算和交往一年左右的男人分手，男人傳了「我會徹底毀掉妳」、「妳先死」的訊息。女人向警方報案，在警察局接受調查後回來的男人朝著女人潑灑氟酸。男人被判二十年有期徒刑。假如女人還在世，今年是四十九歲。

二〇一六年十二月三日，四十九歲女性的生命畫下了句點。婚外情持續了八年，最後以女人之死作結，卻只是因為小口角。男人以女人怒罵自己的前女友為由，勒住女人的脖子。三小時後，男人站在某座橋上，將屍體投向大海。男人被判十五年有期徒刑。假如女人還在世，今年會是五十四歲。

二〇一六年十二月十六日，三十八歲女性的生命畫下了句點。交往一個月後，女人說要和男人分手，男人用刀刺了女人。法院判男人十六年有期徒刑。假如女人還在世，今年是四十三歲。

二〇一七年

二〇一七年一月九日，三十五歲女性的生命畫下了句點。住在女人家中的男人辭掉工作，開始玩運動彩券。他向女人借錢，對她口出惡言甚至施暴。再也無法忍受男人持續施暴的女人說要分手，而男人以「知道畜生就該被打死嗎？」威脅她。男人打破家中的窗戶闖入，女人報警，而男人接受調查出來三小時後便打死了女人。法院判男人十六年有期徒刑。假如女人還在世，今年是三十九歲。

二〇一七年一月二十日，三十四歲女性的生命畫下了句點。男人以女人勸阻他與別人吵架為由而發脾氣。男人將女人的手提包、衣服、鞋子往門外丟並鎖門。見女人抵抗，男人毆打了女人的臉與頭部數次，最後親手勒死女人。男人被判十年有期徒刑。假如女人還在世，今年是三十八歲。

二〇一七年二月三日，五十四歲女性的生命畫下了句點。女人多次提分手，但男人自己喝下農藥威脅：「我要去死。」甚至曾打算將女人囚禁在車內而遭到起訴。看到女人去旅行，男人便在女人家門前等待，後來以榔頭襲擊女人，趁她失去意識後捆綁放到車上，用石頭重擊頭部。女人被囚禁於車內三小時後斷了氣。男人被判三十年有期徒刑。假如女人還在世，今年是五十八歲。

二〇一七年二月四日，四十一歲女性的生命畫下了句點。女人說要分手，男人不肯接受。男人跑到女人開的餐廳找碴，拿起廚房的刀。男人被判二十年有期徒刑。假如女人還在世，今年是四十五歲。

二〇一七年二月八日，四十九歲女性的生命畫下了句點。兩人的婚外情從二〇一五年開始。男人向女人借錢，後來女人說要交女兒的註冊費，要求男人還錢。男人對女人持續催促還錢，以及女人喝酒時與其他人交好心生不滿。那天，兩人一起喝了酒，男人要女人「整理男人關係」，兩人起了口角。男人用放在地上的電線纏繞女人的脖子。男人被判十七年有期徒刑。假如女人還在世，今年是五十三歲。

二〇一七年二月十六日，五十五歲女性的生命畫下了句點。男人懷疑女人和其他男人有染，兩人起了爭執。過程中，有人打電話給女人。見女人不接電話，男人的懷疑便轉為確信。他拿起餐桌上的刀威脅：「要是不肯老實說自己出軌，我就用刀刺妳。」接著便刺殺了女人。男人被判十二年有期徒刑。假如女人還在世，今年是五十九歲。

二〇一七年三月十六日，三十五歲女性的生命畫下了句點。男人與女人一同住在女人家中。男人騙在同好會認識的朋友說自己是企業家，向對方借錢三十次，總金額超過三億五千萬元。對方要求男人還錢，男人備受壓力，怕形跡敗露，對此一無所知的女人又要求男人購買高價物品給她，於是男人決定分手。曾想和男人結婚的女人反對。男人主張當天女人企圖自殺，並說要一起死，所以勒住女人的脖子。但殺死女人的男人用女人的手機聯繫身邊的人，假裝女人還活著，又賣掉女人的物品當成逃亡資金。男人被判十五年有期徒刑。假如女人還在世，今年是三十九歲。

二〇一七年三月二十五日，五十歲女性的生命畫下了句點。男人和女人在十一年前分手，男人基於某種原因堅持要和女人對話。女人拒絕。那天，男人搭上女人駕駛的公車，等公車來到車庫，所有乘客都下車後，再度要求對話。見女人沒有應答，男人將事先準備的汽油潑向女人並點火。十二天後，女人因敗血症休克身亡。男人主張原本打算一起死。男人被判二十五年有期徒刑。假如女人還在世，今年是五十四歲。

二〇一七年三月三十日，四十七歲女性的生命畫下了句點。六年前交往的男人和女人因飲酒問題爭執。那天兩人也一起喝燒酒後吵架。男人抓住女人的頭髮搖晃，並用雙手毆打女人，手法相當殘忍，甚至女人的眼睛、額頭都發現鮮明且大面積的瘀血。女人倒在地上，男人則放著女人不管。男人被判九年有期徒刑。假如女人還在世，今年是五十一歲。

二〇一七年四月二日，三十九歲女性的生命畫下了句點。兩人分手後又復合。那天，兩人在生魚片餐廳喝酒，男人以女人酒醉為由發火。男人在家中揮拳揍了女人，接著拿廚房的菜刀刺殺女人，之後主張自己「不記得了」、「因為喝醉酒，處於精神耗弱狀態」。男人被判十五年有期徒刑。假如女人還在世，今年是四十三歲。

二〇一七年四月三日，四十九歲女性的生命畫下了句點。兩人同居第五年，男人有長期毆打女人的習慣。那天男人也以晚歸為由，將女人打得半死。在法庭上，男人主張自己無罪，並宣稱自己「只是在被害人酒醉後替她換衣服，和她睡在一起而已」，但當天載女人的計程車司機作證表示，女人很詳細地替自己指引路線，身上也沒有散發酒氣。法院認為無法排除被告替女人洗衣服，是為了消除犯罪痕跡的可能性，判男人四年有期徒刑。假如女人還在世，今年是五十三歲。

二〇一七年四月六日，四十九歲女性的生命畫下了句點。男人與女人於二〇一五年分手，那天是兩人久違的一起喝酒。兩人起了口角，男人勒住女人的脖子，殺害了她。十四天後，男人將女人的屍體裝進旅行袋並丟棄於空地。男人被判十五年有期徒刑。假如女人還在世，今年是五十三歲。

二〇一七年五月十六日，六十四歲女性的生命畫下了句點。女人拒絕與發酒瘋的男人有任何往來，男人卻死纏爛打，二〇〇七年分手後仍持續聯繫女人。二〇一七年的某天，男人在女人的家門口，等女人一到家，就持刀捅了女人數次。女人的兒子目睹了媽媽被殺害的情景。男人被判二十年有期徒刑。假如女人還在世，今年是六十八歲。

二〇一七年六月十四日，三十七歲女性的生命畫下了句點。兩人是同事，交往一個月後，女人說要分手，但男人拒絕。男人帶女人到她下班時會經過的小公園，見女人打算回家，男人亮出菜刀。女人放聲尖叫請求協助，而男人用刀刺殺了女人。原本男人畏罪潛逃，後來還再次回到犯案現場，用腳踹尚存一口氣的女人，並帶走女人的皮包。女人最後死了，男人被判二十二年有期徒刑。假如女人還在世，今年是四十一歲。

二〇一七年六月十七日，五十五歲女性的生命畫下了句點。兩人二〇一五年開始交往。因為參加同一個聯誼會，有天女人和其他會員吵架，男人一氣之下甩了女人巴掌，使其倒她後，又用腳踩踏女人全身。女人因多發性臟器損傷而死亡。男人向被害人遺族支付了三千萬元和解金。一審法院判男人七年有期徒刑，男人說好要再向被害人遺族支付五千萬元。二審法院判男人五年有期徒刑。假如女人還在世，今年是五十九歲。

二〇一七年六月二十三日，三十九歲女性的生命畫下了句點。兩人曾承諾要結婚，男人主張女人酒後不把家裡整理乾淨，兩人因此起口角。男人弄倒女人後，用高爾夫球桿毆打，在醫院接受治療的女人在三天內身亡。男人被判五年有期徒刑。假如女人還在世，今年是四十三歲。

二〇一七年六月二十六日，二十歲女性的生命畫下了句點。兩人在青春期短暫交往，長大又重新交往，三個月後開始同居。很快的女人就說要分手，男人不肯接受，而女人也沒有改變決定。那天男人很晚才回到家，看到自己的行李被放在陽臺，一時情緒激憤，勒住了女人的脖子。接著，他揹著屍體移動五百公尺後，將其遺棄。男人在審判過程中以憂鬱症精神耗弱為由否認犯罪。法院沒有接受男人的說詞，判男人二十年有期徒刑。假如女人還在世，今年是二十四歲。

二〇一七年七月四日，五十七歲女性的生命畫下了句點。兩人原本有生意往來，後來發展為戀人。男人結束生意後協助女人的工作，兩人一起生活了七年。後來女人因為類風濕性關節炎和脊椎狹窄而無法繼續做生意。儘管男人找了工作，卻因車禍辭掉了工作。生計沒有著落，兩人衝突日益加深，那天兩人起了口角，男人以女人瞧不起自己為由拿起了刀。男人被判十五年有期徒刑。假如女人還在世，今年是六十一歲。

二〇一七年七月十四日，二十二歲女性的生命畫下了句點。男人對A的朋友B心懷不滿。與男人交往的A於二〇一七年六月因腦出血死亡，但男人主張，在替A舉辦葬禮時，輾轉聽到A死前曾與B大吵一架。男人認為A是因為B才會死，主張B預謀殺人。

B曾在二〇一五年和男人短暫交往，男人引誘B說要一起去露營，後來用鐵鎚殺死了女人。六個月後，男人又殺死了另一個女人C。男人與C因財務問題起了口角，而後男人以C出言侮辱A而勒住了C的脖子。十二月十九日，二十三歲女性的生命畫下了句點。男人被判無期徒刑。假如這兩名女人還在世，今年是二十六與二十七歲。

二〇一七年七月二十日，五十四歲女性的生命畫下了句點。男人與女人從六年前開始同居，但隨著經濟陷入困頓，兩人衝突與日俱增。在男人宣稱有兩棟房子的謊言被拆穿後，關係更加惡化。那天兩人也起了爭執，男人揮拳揍女人，朝她潑了汽油，並在女人全身點了火。全身燒傷的女人在兩天後死亡。男人被判二十年有期徒刑。假如女人還在世，今年是五十八歲。

二〇一七年七月二十三日，五十二歲女性的生命畫下了句點。男人從兩個月前開始與女人同居在女人家中。在一起喝完酒回家途中，女人向男人說要分手。男人毆打女人的全身直至凌晨，將家裡的電鍋、電風扇和咖啡壺往女人身上砸，女人當場死亡。男人被判八年有期徒刑。假如女人還在世，今年是五十六歲。

二〇一七年七月二十七日，四十六歲女性的生命畫下了句點。交往超過四年的男人懷疑女人劈腿。他斥責女人，抓住她的頭髮猛力搖晃，甚至整把髮絲都被扯下，並毆打女人的臉及頭部十次以上。十天後，女人在醫院的加護病房內斷氣。男人給了女人家屬九千萬元和解金，一審法院判男人三年有期徒刑，緩刑四年。檢察官提出上訴。男人又拿出了三千萬元，但二審法院判男人兩年有期徒刑。假如女人還在世，今年是五十歲。

二〇一七年八月四日，四十三歲女性的生命畫下了句點。當天女人和其他男人在一起，而來到女人家目睹這一幕的男人情緒十分激憤。他用螺絲起子打破玻璃窗潛入，用腳踹、踐踏女人的頭部至昏厥。女人被救護車送到醫院，出院隔天早上口吐鮮血，五天內就斷了氣。男人被判五年有期徒刑。假如女人還在世，今年是四十七歲。

二〇一七年八月十八日，五十歲女性的生命畫下了句點。男人是殺人兇手。一九八九年，他曾因勒死配偶而被判無期徒刑，二〇〇七年十月獲得假釋。重返社會不到三年就再度犯罪。二〇一〇年一月他將戀人囚禁起來並強暴她。男人被判五年有期徒刑，並於二〇一四年十月出獄。二〇一六年八月，男人又和其他女人開始交往，後來在起口角時割了女人的喉頭。男人被判無期徒刑。假如女人還在世，今年會是五十四歲。

二〇一七年八月二十一日，五十五歲女性的生命畫下了句點。女人經營一間餐廳，沒有固定職業的男人則負責協助女人，兩人一起生活了十一年。男人經常發酒瘋，女人說要分手。男人要求賠償金，但因為沒有拿到想要的金額，便宣稱自己是被利用完後趕走，向女人要求更多錢。女人沒有回應，男人跑去找女人，在兩人對話時拿出事先藏匿的刀子，女人嚇得逃跑，仍被男人在大馬路上用刀刺死。離開犯罪現場後，男人在豬肉湯飯專賣店吃了湯飯、喝了酒。男人被判二十五年有期徒刑。假如女人還在世，今年是五十九歲。

二〇一七年九月六日，三十一歲女性的生命畫下了句點。男人以突然火氣上來為由揍了女人的腹部。被送往醫院的女人過不到兩小時就斷了氣。一審法院判男人四年有期徒刑；二審法院判男人七年有期徒刑。假如女人還在世，今年是三十五歲。

二〇一七年九月七日，二十歲女性的生命畫下了句點。只是想分手而已，交往十個月的男人就拿起了刀。男人被判十年有期徒刑。假如女人還在世，今年是二十四歲。

二〇一七年十一月二日，五十六歲女性的生命畫下了句點。兩人二〇一一年開始交往，二〇一五年開始同居在女人家中。經濟困頓的兩人經常因為金錢問題爭執，後來離家的男人又回頭找女人。兩人一起喝完酒後回了家，男人以鈍器敲擊女人，並以事先準備好的刀子劃了女人喉頭。女人體內測出安眠藥的成分。男人被判二十二年有期徒刑。假如女人還在世，今年是六十歲。

二〇一七年十一月五日，四十一歲女性的生命畫下了句點。男人還有跟其他女人交往，兩人經常爭吵。那天男人手上拿著燒酒瓶，朝女人的臉與頭部重擊，打破了就再拿起其他燒酒瓶，就這樣經過六次重擊，奪走了女人的性命。男人被判十五年有期徒刑。假如女人還在世，今年是四十五歲。

二〇一七年十一月二十三日，三十五歲女性的生命畫下了句點。兩人互相懷疑對方的異性關係並經常爭吵，之後男人開始動粗，也曾囚禁、威脅女人，但被判緩刑。男人還曾綁住女人，在家中的鐵製金庫施暴而調查。某一天，男人勒住了女人的脖子。一審法院判男人十七年有期徒刑，檢察官提出上訴，二審法院判男人二十三年有期徒刑。假如女人還在世，今年是三十九歲。

二〇一七年十一月二十五日，四十五歲女性的生命畫下了句點。男人從自己的夾克口袋中取出刀子，殺害了女人，接著將屍體棄置於一起投宿的汽車旅館房間三天。男人被判二十五年有期徒刑。假如女人還在世，今年是四十九歲。

二〇一七年十二月十一日，四十一歲女性的生命畫下了句點。女人擺脫了男人一星期，等到女人回家，男人便開始追問女人行蹤，接著打了她。男人再次追問，又打了她。男人勒住女人的脖子，四天後，女人在醫院死亡。法院判男人三年六個月有期徒刑。假如女人還在世，今年是四十五歲。

二〇一八年

二〇一八年一月四日，四十九歲女性的生命畫下了句點。男人懷疑女人的異性關係，不斷折磨她，女人因此開始躲避男人。男人於是威脅要加害她的女兒。那天男人在女人家門前等待，最後兩人約在咖啡廳見面。將刀子藏在袖子的男人說：「我們繼續交往吧。」女人則說：「我們別再見面了。」男人用刀刺殺了女人。男人被判二十五年有期徒刑。假如女人還在世，今年會是五十二歲。

二〇一八年一月七日，三十六歲女性的生命畫下了句點。兩人才交往一個月左右，男人持續懷疑女人有其他的男人。女人提分手，男人卻不斷跑到女人家門口要求復合、折磨女人，還按女人家中密碼試圖闖入，威脅如果不見他就要跳樓。男人又要求女人「到汽車旅館」，三番兩次的騷擾令女人厭倦，最後無可奈何地去了汽車旅館。男人以刀子相逼，威脅女人長達五小時，心生害怕的女人躲到了陽臺。就在躲避時因鬆開了抓住欄杆的手而墜樓身亡。男人被判十年有期徒刑。假如女人還在世，今年是三十九歲。

二〇一八年一月二十日，三十二歲女性的生命畫下了句點。兩人是婚外情。在交往一年五個月後，因男人的妻子知道此事而分手，但分手後，兩人依然經常以電話或訊息怒罵或指責對方。那天兩人是時隔很久一起喝酒，後來起了口角，男人勒死了女人。一審法院判男人十二年有期徒刑，男人給了女人遺族五千萬元和解金。二審法院判男人七年有期徒刑。假如女人還在世，今年是三十五歲。

二〇一八年二月二日，三十八歲女性的生命畫下了句點。兩人於二〇一六年分手，二〇一七年復合。那天酒醉的男人跑去找女人，後來在對話過程中以傷及自尊為由勒住女人的脖子。法院判男人十二年有期徒刑。假如女人還在世，今年是四十一歲。

二〇一八年二月五日，四十六歲女性的生命畫下了句點。兩人經朋友介紹認識，交往後一起開了酒吧。男人主張因為女人經常與客人外出，自己心懷不滿。那天兩人也因相同理由爭吵，男人把事先買來的汽油潑在女人身上，以打火機點火。法院判男人二十五年有期徒刑。假如女人還在世，今年是四十九歲。

二〇一八年三月二日，一名女性的生命畫下了句點。男人已有家室。男人在與女人交往時不斷表示很快就會結束婚姻關係。女人持續要求男人離婚，兩人經常為此爭吵。那天男人勒住了女人的脖子。男人主張，是因為女人說要揭發兩人關係而一時情緒激憤。男人將女人的屍體遺棄在車子的後車箱。男人被判十五年有期徒刑。假如女人還在世，今年會是幾歲呢？

二〇一八年三月十八日，四十五歲女性的生命畫下了句點。男人邀女人一起住，女人以工作為由拒絕。那天兩人起了口角，男人用刀子刺了女人。男人主張是女人說「明明就什麼關係都不是，幹麼干涉我？」才會情緒激憤。男人被判十五年有期徒刑。假如女人還在世，今年是四十八歲。

二〇一八年四月一日，二十五歲女性的生命畫下了句點。兩人交往三個月後分手。男人藏匿女人的手機，且兩人常因不守時而吵架。男人威脅要自殺，不讓女人回家，甚至揚言要將自己的遺書寄給女人的僱主。男人也曾侵入女人的住處，當女人說：「你再不出去，我就要大叫了」時，男人摀住女人的嘴，掐住她的脖子。男人犯案後，甚至搜尋並預約了機票。法院判男人二十年有期徒刑。假如女人還在世，今年是二十八歲。

二〇一八年四月五日，五十四歲女性的生命畫下了句點。男人懷疑女人外遇。聽到女人說「你別管我」後，持刀刺向女人。男人打算自殺，買了農藥回到家中，卻發現女人還活著，又用磚塊打死了她。男人被判二十年有期徒刑。假如女人還在世，今年是五十七歲。

二〇一八年四月十三日，三十六歲女性的生命畫下了句點。二〇一七年二月分手的男人持續跑來找女人，甚至侵入家中。因此事被處以罰金的男人懷恨在心，他購買了肉片專用刀，在女人家的停車場等待。男人持刀刺了要上車的女人腹部，女人身旁還有五歲的兒子。「請別這樣做。」兒子如此懇求。男人被判二十年有期徒刑。假如女人還在世，今年是三十九歲。

二〇一八年四月二十日，五十七歲女性的生命畫下了句點。兩人交往了一年八個月。那天和女人一起在KTV玩樂的男人先回了家，後來與晚歸的女人起了口角。男人毆打女人的臉，並將她拖到門外的走廊，這時女人已是昏迷狀態。男人再次將女人拖進家中，用腳踹她。當女人痛苦哀號時，男人卻置之不理。法院判男人四年有期徒刑。假如女人還在世，今年是六十歲。

二〇一八年五月三日，五十九歲女性的生命畫下了句點。兩人在朋友介紹下開始交往後同居。男人以自己的名義貸款借錢給女人，見女人不肯還錢而心生不滿。男人主張，女人又向自己借錢。男人以刀刺了女人，接著試圖自殺。男人被判十三年有期徒刑。假如女人還在世，今年是六十二歲。

二〇一八年五月四日，三十五歲女性的生命畫下了句點。男人長期毆打女人。從二〇一七年七月到二〇一八年四月，男人以毆打女人的罪名遭到刑事立案的次數多達九次。二〇一七年十二月，男人亦以剪刀刺女人背部而遭起訴。女人向法院提交不願處罰的請願書才免於拘留。兩人經濟狀況不佳，那天男人以刀子刺向說要重新工作的女人，之後主張自己過度飲酒才精神耗弱。法院判男人十七年有期徒刑。假如女人還在世，今年是三十八歲。

二〇一八年五月十一日，四十六歲女性的生命畫下了句點。男人認定女人劈腿，因此威脅女人的家人。他在女人搭乘的車子上縱火，監視其一舉一動。女人躲避男人。男人以女人不肯與自己復合為由，下定決心要殺死女人。男人去了女人住的大樓，兩人在電梯上碰到，男人以刀子威脅，讓女人上了自己的車。「救命啊。」女人大喊，試圖逃出車外，而男人用刀劃了女人的脖子。男人被判二十五年有期徒刑。假如女人還在世，今年是四十九歲。

二〇一八年五月十五日，五十七歲女性的生命畫下了句點。兇手是與女人談婚外情的男人。交往後兩人頻繁爭吵，那天也是在車內吵架，最後男人勒住了女人的脖子。法院判男人十五年有期徒刑。假如女人還在世，今年是六十歲。

二〇一八年五月二十三日，二十九歲女性的生命畫下了句點。男人懷疑女人劈腿，兩人起爭執後，女人提分手。男人死纏爛打，跑去女人工作的餐廳，還在聖誕節當天潛入女人家中。即便報案後，男人糾纏的行為並沒有停止。那天男人寫了遺書說要「和女人一起離開世界」。他買了切肉刀後，在女人家門口等待。見到男人手裡拿著刀，女人想從樓梯逃跑卻摔倒了，男人一共揮刀二十次。男人被判二十五年有期徒刑。假如女人還在世，今年是三十二歲。

二〇一八年六月一日，三十五歲女性的生命畫下了句點。交往不到三個月，女人就不幸慘死。那天女人和男人起爭執，男人向女人追究與其他男人的關係，女人說要分手，而男人拿起了刀，總共揮了一百四十五刀。接著男人逃跑，用女人的信用卡刷了六百八十萬元。法院判男人二十五年有期徒刑。假如女人還在世，今年是三十八歲。

二〇一八年六月十七日，四十六歲女性的生命畫下了句點。因小事而起口角的男人毆打了女人，用腳踩女人的腹部。女人因十二指腸破裂而入院，在醫院走向生命的盡頭。男人被判五年有期徒刑。假如女人還在世，今年是四十九歲。

二〇一八年六月二十五日，七十三歲女性的生命畫下了句點。交往的兩人因男人經濟碰到困難而中斷同居。因女人不肯見面，男人便決心殺害女人。他破壞女人家的大門後潛入，等女人一進家門便不由分說地亂砍。男人主張自己患有失智症，精神耗弱。法院判男人二十年有期徒刑。假如女人還在世，今年是七十六歲。

二〇一八年七月一日，三十八歲女性的生命畫下了句點。女人是餐廳服務生，男人是船員，兩人原本是鄰居，二〇一四年開始交往。那天兩人在汽車旅館喝酒後起爭執，男人打了女人，在女人昏迷後勒住她的脖子。男人被判十六年有期徒刑。假如女人還在世，今年是四十一歲。

二〇一八年七月四日，四十九歲女性的生命畫下了句點。女人和男人外遇五個月後，某天在車內起爭執，女人下了車，男人開始施暴，攻擊女人的臉和頭部數十次。女人昏過去後，男人仍沒有停手。男人被判七年有期徒刑，且當時男人已經因為強制猥褻其他女人被判八個月有期徒刑，兩年緩刑。男人的職業為牧師。假如女人還在世，今年是五十二歲。

二〇一八年七月二十日，五十二歲女性的生命畫下了句點。男人和女人住在一起十一個月。隨著男人工作越來越少，兩人經濟碰到困難，爭吵越來越頻繁。男人認為女人瞧不起自己，因此勒住了女人的脖子。之後男人試圖自殺，並在法庭上主張自己打算和女人一起死。此前男人也曾與其他女人同居時說要殺了對方再去尋死。法院判男人十四年有期徒刑。假如女人還在世，今年是五十五歲。

二〇一八年八月七日，五十二歲女性的生命畫下了句點。女人經營一家餐廳，男人是常客，兩人因此結識並同居了十年。二〇一八年六月，女人提分手，男人拒絕，要女人再等他一年。目睹女人和其他男人在一起後，男人制定了殺人計畫，並在網路上搜尋石弓箭、槍、劇毒物質、動物麻醉藥等關鍵詞。那天早上，男人用刀子刺了女人，再用手機發簡訊引誘其他男人前來，朝他的臉潑了燒鹼（氫氧化鈉）。他追趕逃跑的男子，在超商內將對方殺害。男人被判三十年有期徒刑。假如女人還在世，今年是五十五歲。

二〇一八年八月二十日，二十五歲女性的生命畫下了句點。男人看到女人對其他男人示好而生氣，朝女人頭部揮拳，在女人昏厥後以雙臂纏住女人的脖子。男人揹起昏迷的女人，將其放在路上，見女人醒來便推倒她，用手纏住女人脖子，使她癱坐在地，接著再次毆打女人的臉與後腦杓，女人就這樣悲慘地死了。一審法院判男人六年有期徒刑。男人給了女人遺族一億五千萬元解金。二審法院判男人三年有期徒刑，五年緩刑，男人成了自由之身。假如女人還在世，今年是二十五歲。

二〇一八年八月二十四日，五十三歲女性的生命畫下了句點。男人和女人同居十三年，兩人一起經營畜牧場及餐廳，隨著畜牧場的經營陷入困難，兩人的不合日漸加深。兩人開始分居，女人和自己的兒子一起住。兩人打起民事訴訟。那天三人起了激烈爭執，男人從自己車中取出刀並拿在手上，先是刺了兒子，也刺了想救兒子的女人。男人被判無期徒刑。假如兒子還在世，今年是三十三歲；假如女人還在世，今年是五十六歲。

二〇一八年九月十二日，四十九歲女性的生命畫下了句點。女人和男人是以結婚為前提同居。才四個月，生男人就在爭執過程中持刀威脅女人。女人表示不願男人受罰，讓男人獲得緩刑。女人希望能登記結婚，但男人沒有回應，兩人爭吵日益頻繁。十個月後，男人再次拿起了刀，那天女人說要搬出去。男人被判十三年有期徒刑。假如女人還在世，今年是五十二歲。

二〇一八年九月二十三日，四十八歲女性的生命畫下了句點。女人是啤酒屋老闆，和男客人發展為戀人。交往六個月後，兩人開始同居。在籌備婚禮過程中，兩人爭吵越來越多，那天也因男人說謊而吵架。男人拿起了刀，而女人身上被刺時的最後一句話是：「老公，你怎麼這樣？」男人的刀子並未停下。之後男人試圖自殺，左手臂因一氧化碳中毒而麻痺。一審法院判男人十三年有期徒刑。女人的母親在法庭上表示想要饒恕男人。二審法院判男人九年有期徒刑。假如女人還在世，今年是五十一歲。

二〇一八年九月二十六日，四十四歲女性的生命畫下了句點。兩人同居兩年八個月。男人打女人打得很兇，那天也一樣。女人失去意識後，男人雖然打了一一九，但又說「女人的意識好像恢復了」並取消報案。之後放任女人不管長達二十小時。法院判男人五年有期徒刑。假如女人還在世，今年是四十七歲。

二〇一八年九月二十六日，四十七歲女性的生命畫下了句點。兩人因賭博問題經常爭吵，男人的暴力行為也越來越嚴重。他毆打女人，並在床上潑灑煤油；他朝女人的臉吐口水，以刀子威脅。那天兩人也有爭吵，男人用鐵鎚毆打女人，並再次潑灑煤油。男人被判二十五年有期徒刑。假如女人還在世，今年是五十歲。

二〇一八年九月二十八日，五十二歲女性的生命畫下了句點。女人打算和交往超過六年的男人分手。男人說要談談，把女人叫到自己家中，而他手上拿著刀。男人被判十八年有期徒刑。假如女人還在世，今年是五十五歲。

二〇一八年十月十二日，二十歲女性的生命畫下了句點。那天是女人生日，男人說要出去買禮物，女人拒絕了，男人以此為由勒住了女人的脖子。審判時，男人主張女人平時就瞧不起自己，也強調自己因精神分裂症而精神耗弱，但法院並沒有接受這番說詞。男人勒住女人脖子的時間超過二十分鐘。男人被判二十年有期徒刑。假如女人還在世，今年是二十三歲。

二〇一八年十月二十一日，二十五歲女性的生命畫下了句點。與男人交往六個月後，女人被男人用刀子刺了多達二十四次。男人前一天在網路上搜尋「用刀殺人的方法」，這是很明顯的預謀殺人。法院判男人八年有期徒刑，但男人大學時以優秀成績領取獎學金、工作勤奮等成了對男人有利的因素。假如女人還在世，今年是二十八歲。

二〇一八年十月二十四日，二十三歲女性的生命畫下了句點。舉辦相見禮[28]前兩天，女人被約定攜手步入禮堂的男友殺害。交往不到一個月，男人就急著結婚，女人雖然同意，但希望婚後能繼續工作。新婚房要選在哪裡的意見也有所分歧。女人希望可以將婚禮延後。那天，男人將女人叫到自己家中，勒住她的脖子，並以極其殘忍的手法毀損屍體。男人和其他女人交往時也執著於結婚，只要對方不肯順自己的心意，就會口出惡言與威脅。法院判男人無期徒刑。假如女人還在世，今年是二十六歲。

二〇一八年十月三十一日，六十五歲女性的生命畫下了句點。男人在起口角時用電視砸向女人頭部。八個月後，變成植物人的女人在醫院斷氣。男人被判七年有期徒刑。假如女人還在世，今年是六十八歲。

二〇一八年十一月二十三日，三十八歲女性的生命畫下了句點。男人平時也會對女人施暴，那天酒醉的男人又無緣無故地在電梯內毆打女人的臉。回到家後也繼續施暴。女人失

28 指新人與雙方家長、親人一起見面，討論婚禮相關事宜，類似提親。

去了意識，男人卻跑去睡覺。一審法院判男人六年有期徒刑，男人向女人家人支付了兩千三百萬元。二審法院判男人四年有期徒刑。假如女人還在世，今年是四十一歲。

二〇一八年十二月二日，三十二歲女性的生命畫下了句點。兩人交往約七個月後分手。過了半個月，再次見面的兩人一起喝了酒，接著到汽車旅館，在那裡起了爭執。女人說要回家，男人勒住女人的脖子。男人被判十二年有期徒刑。假如女人還在世，今年是三十五歲。

二〇一八年十二月十四日，四十七歲女性的生命畫下了句點。好賭成性的男人向女人要錢，女人拒絕，男人懷恨在心。男人主張，那天早上女人因不明原因昏倒在廁所。男人勒住女人的脖子，接著打電話給保險設計師，詢問領取保險金的可能性。在同居五年的女人葬禮上，男人卻在玩手遊。法院判男人十四年有期徒刑。假如女人還在世，今年是五十歲。

二〇一八年十二月二十六日，二十七歲女性的生命畫下了句點。兩人交往四個月就開始同居。男人要求女人辭掉工作，企圖控制女人和其他男人見面。男人以女人不聽話為由制定了殺人計畫。他買了鐵鎚，在殺了女人後拿走現金、手機和信用卡，到處刷女人的信用卡。男人被判三十年有期徒刑。假如女人還在世，今年是三十歲。

結語
衡接與連結——IUM

僅根據警察廳的統計資料，每七．五分鐘就有一名女性受傷或死亡。從二〇一五年開始到二〇一九年發生的強暴事件為兩萬九千四百二十七件。一年平均五千八百八十五件，一天有十六．一名女性遭到強暴。如果再加上強制猥褻等性犯罪，則達到九萬三千四百三十一件。相同期間，以女性為對象的施暴事件又更多了，足足有二十五萬四千七百八十件，表示每天有多達一百四十名女性遭到施暴。共同民主黨議員鄭春淑從警察廳取得的資料顯示，相同期間遭到殺害的女性為一千七百三十五名，即每天有一名女性遭到殺害。綜合起來，二〇一五到二〇一九年，以女性為對象的施暴、強制猥褻、強暴、殺人等犯罪為三十四萬九千九百四十六件。

每一小時就有八名、每七．五分鐘就有一名女性成為犯罪的被害人——單純只「因為是女性」。但我們的國家做了些什麼？真的有想要防止這種犯罪的意志嗎？

〈親密殺人〉第一篇報導刊登的隔天，也就是二〇二〇年十一月七日，釜山發生了「德川商家施暴事件」。用手機對交往的女性施暴，甚至對方昏厥後仍用腳猛踹對方頭部，充滿殺氣的監視器影片曝光後，與「親密殺人」判決書的案例極為相似。案例中，十名被害人就有三名是因為提分手而遭到殺害，我們完全無法理解那些專門以跟蹤等非法手段暗中調查過去戀人的業者，為何能如此大搖大擺地經營下去。

二〇二一年三月二十三日，發生了「蘆原區三母女被殺事件」。嫌犯利用被害人的個資跑到對方家，導致現在有許多女性會用丙酮或印章、甚至購買碎紙機消去快遞單上的個資。這是因為不信任國家才會發生的事。假如過去國家曾針對預防「對女性下手」的犯罪事件有積極作為，就不會有這樣的事了。

撰寫本書過程中，我們了解到國家失職到了何種程度。「親密殺人」是殘酷的仇女犯罪（femicide），交往的男性正是基於對方是女性才殺害了她。無論我們讀再多遍判決書，都無法找到其他理由。

這種殘忍的犯罪最少十天就會發生一次已經夠衝擊了，更震驚的是，該積極防止此種犯罪發生的國家卻坐視不管。政府、國會、警察、量刑委員會、地方自治團體……大家空有「想法」，改變現況的「行動（action）」卻都很消極。

我們產生了全新的領悟。借用美國知名大法官RGB的說法，我們要求的不是給予女性某種特惠，只是請求清除踩在女人脖子上的腳罷了，但就連這樣都困難重重。

往後要做的事變得更加鮮明。在以〈親密殺人〉系列報導獲得第二十三屆國際特赦組織人權獎、第十屆人權報導獎等獎項的同時，也下定決心要「持續發聲」。儘管尚有許多不足，但出版本書也是基於此初衷。我們會持續思索、報導該如何採取行動，才能少讓一個人犧牲。

我們認為，答案在於社會。這件事需要警方全方位的努力，積極與地方自治團體共享女性暴力相關犯罪資訊。我們會去會見女性警察局局長，也會去見收到我們的提案後給予具體答覆的京畿道、京畿道龍仁市、慶尚南道、大田廣域市大德區等相關機構。我們希望和大家一起思考該採取什麼行動，才能少讓一個人犧牲。直到看見有意義的變化前，會堅持不懈地繼續報導。

這似乎也只有OhmyNews獨立編輯部才可能做到。當初公司接受了我們想獨立進行採訪與報導的想法，並於二〇一八年十月成立了獨立編輯部，部門名稱就是「IUM」（이음，「銜接、連結」之意）。我們認為我們的工作就是把世界上的所見所聞傳達給讀者。唯有持續走下去，才會出現變化，請與我們攜手前進。非常感謝閱讀本書的讀者。

「從二〇一六到二〇一八年，死亡的約會暴力被害人真的是五十一名嗎？」二〇一九年八月八日，我們第一次在部門群組聊天室提出這個問題，當時還完全不曉得該如何尋找判決書。非常感謝朴知善、李智慧、韓知妍與我們合力完成這件事，在分析判決書、提出替代方案的過程中，也有許多人士給予協助。

感謝在採訪初期和我們會面，強調必須徹底檢視問題本質的李秀晶教授；對問題意識深具共嗚，兩次訪談都誠懇回答的現任法官；接觸〈親密殺人〉報導，積極主導立法行動的權仁淑議員；再次分享心中之痛、身為「唐津連續殺人事件」被害人父親的羅鍾基先生。還有李雅莉作家、女權運動家金洪美里、韓國女性熱線政策組長崔娜努、警察廳女性安全企劃官趙珠恩、表蒼園前議員也貢獻良多。

也要感謝向在此企劃問世前積極給予援助的媒體振興財團相關人士；從報導中感受到新聞有希望的鄭俊熙教授；以插畫將我們的採訪表現得維妙維肖的李康勳作家；在數位互動內容上出力的李鍾浩記者及李起鍾部長。此外，吳然浩代表、內容事業本部長房基觀、新聞游擊戰本部長李炳漢等OhmyNews相關人士亦長期給予激勵與支援，謝謝各位。

我只是想分手而已：親密殺人，被深愛的男人殺死的女人們／李周娟（이주연）、李禎環（이정환）著. 簡郁璇 譯. -- 初版. – 臺北市：時報文化，2023.9；面；14.8╳21 公分. --（VIEW；131）
譯自：헤어지자고 했을 뿐입니다
ISBN 978-626-374-212-3（平裝）

1.CST: 戀愛 2.CST: 兩性關係 3.CST: 暴力犯罪

544.18 112012843

ISBN 978-626-374-212-3
Printed in Taiwan.

VIEW 131

我只是想分手而已：親密殺人，被深愛的男人殺死的女人們

헤어지자고 했을 뿐입니다

作者 李周娟、李禎環｜**譯者** 簡郁璇｜**主編** 尹蘊雯｜**執行企畫** 吳美瑤｜**封面設計** 萬亞雰｜**副總編** 邱憶伶｜**董事長** 趙政岷｜**出版者** 時報文化出版企業股份有限公司 108019 臺北市和平西路三段240 號 3 樓 發行專線—（02）2306-6842 讀者服務專線—0800-231-705・（02）2304-7103 讀者服務傳真—（02）2304-6858 郵撥—19344724 時報文化出版公司 信箱—10899臺北華江橋郵局第 99 信箱 時報悅讀網—www.readingtimes.com.tw 電子郵件信箱—newlife@readingtimes.com.tw 時報出版愛讀者—www.facebook.com/readingtimes.2｜**法律顧問** 理律法律事務所 陳長文律師、李念祖律師｜**印刷** 勁達印刷有限公司｜**初版一刷** 2023年 9 月22 日｜**定價** 新台幣 400 元｜（缺頁或破損的書，請寄回更換）

時報文化出版公司成立於 1975 年，1999 年股票上櫃公開發行，2008 年脫離中時集團非屬旺中，以「尊重智慧與創意的文化事業」為信念。